阜阳市人文社会科学研究专项项目
"五大发展理念在阜阳的实践研究"
（FYSK2021LH03）

安徽省2022年拔尖人才项目
（gxbjZD2022037）

安徽省2022年"江淮文化名家"培育工程专项资金资助项目
（217001000449）

2022年国家社科基金项目
"新发展理念下中国式现代化化道路的时代图景及实践方略研究"
（22BKS071）

2023年安徽省高校哲学社会科学研究项目
"新时代中国特色社会主义研究中心"
（2023AH010042）

新发展理念在阜阳的生动实践研究

■ 朱宗友 朱振辉 刘凯 等◎著

天津出版传媒集团

天津人民出版社

图书在版编目（CIP）数据

新发展理念在阜阳的生动实践研究 / 朱宗友，朱振辉，刘凯等著. -- 天津：天津人民出版社，2024. 11.
ISBN 978-7-201-20868-8

Ⅰ. F127.543

中国国家版本馆 CIP 数据核字第 2024AN1004 号

新发展理念在阜阳的生动实践研究
XIN FAZHAN LINIAN ZAI FUYANG DE SHENGDONG SHIJIAN YANJIU

出　　版	天津人民出版社	
出 版 人	刘锦泉	
地　　址	天津市和平区西康路35号康岳大厦	
邮政编码	300051	
邮购电话	（022）23332469	
电子信箱	reader@tjrmcbs.com	

责任编辑	武建臣	
封面设计	卢炀炀	

印　　刷	天津新华印务有限公司	
经　　销	新华书店	
开　　本	710毫米×1000毫米　1/16	
印　　张	11.5	
插　　页	2	
字　　数	160千字	
版次印次	2024年11月第1版　2024年11月第1次印刷	
定　　价	78.00元	

目　录

导　论

一、研究内容

本书的研究对象为新发展理念。首先，阐述新发展理念的形成发展与科学内涵；其次，深入分析新发展理念对阜阳经济社会发展的意义和价值；再次，主要研究新发展理念在阜阳的生动实践、取得的成效及获得的经验启示；最后，提出要以新发展理念引领新时代阜阳发展新实践。

二、相关研究现状及研究动态

新发展理念提出后，学界从其形成、内涵、特征、逻辑关系、定位、意义等方面进行了研究，取得了较为丰富的研究成果。关于新发展理念的形成，学界认为其形成有一定的历史基础、现实基础和理论基础。在这个问题的认识上观点大体一致，只不过分析视角略有不同，有的从新发展理念的整体进行探讨，有的则从某一个方面进行分析。关于新发展理念的丰富内涵和鲜明特征,学界从不同视角和方面对其作了研究和探讨。对新发展理念内涵的考察,学界主要从新常态、发展理念、多维视角、问题视角等角度展开的。学界认为,新发展理念具有强烈的问题意识、很强的实践性、鲜明的继承性和创新性等特征。关于新发展理念的逻辑关系,学界主要对新发展理念自身的逻辑关系及与之相关的创新理论之间的关系进行探讨和说明。主要从新发展理念与"五位一体"总体布局的关系,新发展理念与"四个全面"战略布局的关系,新发展理念与全面建成小康社会、实现中国梦的关系进行了分析和阐述。关于新发展理念的历史定位,学界主要有"中国特色社会主义本质属性"说、"发展规律新认识"说、"科学指南和价值引领"说、"治国理念和理政方略"说、"中国梦主题"说等观点。关于新发展理念的意义,学界认为有其重要的理论和现实意义,对于国内发展和世界发展都有重要的价值。

以上学界关于新发展理念的研究,主要是从新发展理念提出的背景、内涵、特征、逻辑关系、定位、意义等方面进行的。这对于人们认识、理解和把握新发展理念无疑具有十分重要的作用和价值。同时也不难发现,这些研究很少涉及地方发展尤其是阜阳的发展。因此,如何将新发展理念与阜阳发展实际相结合,展现新发展理念在阜阳这片土地的生动实践,总结新发展理念在落实中的好做法好经验,更通俗易懂阐释、更接地气宣传新发展理念,是摆在广大理论工作者和研究工作者面前的一项重要任务。

三、学术价值和应用价值

第一,解疑释惑——正确认识矛盾和问题。当前,阜阳经济社会发展步入新常态,改革进入深水区和攻坚阶段。经验表明这一时期既是战略机遇期也是矛盾凸显叠加期,发展将面临诸多新的矛盾和问题,客观需要新的发展理论释难解疑。本研究将有助于人们正确认识这些矛盾和问题。

第二,宣传普及——推进新发展理念大众化。科学的理论需要传播教育才能为民众理解和把握。新发展理念反映了中国共产党对经济社会发展规律的新认识,是党带领全国人民夺取全面建成社会主义现代化强国的思想武器。本研究推动新发展理念的宣传和普及,促进这些理念深入人心,助力人民群众理解、认同和把握新发展理念,从而实现新发展理念大众化。

第三,提升素养——汇聚高质量发展力量。当前阜阳市的综合实力在安徽省处于前列,高质量发展仍是硬道理、第一要务,加快发展离不开人民群众综合素质的普遍提升。本研究旨在使人们明晰新发展理念的科学内涵、精神实质及重要意义,丰富人民群众的社科理论知识,能够为现代化美好阜阳建设提供智力支持和思想保证。

第一章
新发展理念的提出与科学内涵

　　创新、协调、绿色、开放、共享的新发展理念，集中体现了新时代我国的发展思路、发展方向、发展着力点，是管全局、管根本、管长远的导向。正如习近平所说："新发展理念是指挥棒、红绿灯。"①党的二十届三中全会进一步指出："必须以新发展理念引领改革。"②创新发展注重的是解决发展动力问题，协调发展注重的是解决发展不平衡问题，绿色发展注重的是解决人与自然和谐问题，开放发展注重的是解决发展内外联动问题，共享发展注重的是解决社会公平正义问题，强调坚持新发展理念是关系我国发展全局的一场深刻变革。

---

　　① 习近平：《论把握新发展阶段、贯彻新发展理念、构建新发展格局》，北京：中央文献出版社2021年版，第111页。
　　② 《中共中央关于进一步全面深化改革 推进中国式现代化的决定》，《人民日报》2024年7月22日。

一、创新发展理念的提出、内涵与意义

创新发展理念在中国特色社会主义的历史进程中逐步形成发展,具有重要理论与实践意义,对中国经济社会发展具有重要引领作用,为全面建成社会主义现代化强国提供了源源不断的动力,也为创新型政党建设提供了坚实理论基础。

(一)创新发展理念的提出

习近平指出:"纵观人类发展历史,创新始终是推动一个国家、一个民族向前发展的重要力量,也是推动整个人类社会向前发展的重要力量。"[1]18、19世纪是资本主义迅速发展的时代,到19世纪中叶,"生产力已经强大到这种关系所不能适应的地步,它已经受到这种关系的阻碍;而它一着手克服这种障碍,就使整个资产阶级社会陷入混乱,就使资产阶级所有制的存在受到威胁"[2]。消除这种威胁的一种手段就是夺取新的市场,以便"更加彻底地利用旧的市场"[3]。因此由强大生产力和先进科技武装起来的资产阶级在当时的世界上横行霸道、肆意妄为,到处发动战争、搜刮财富。在这时,"闭关锁国"几百年的封建中国,因拥有广阔的消费市场和大量的物质财富,因而对资本主义扩张具有不可抗拒的吸引力,又因经济和科学技术的落后而没有强大的国防能力抵抗资本主义的扩张,所以成为填饱资本主义扩张需求的

---

① 中共中央文献研究室:《习近平关于科技创新论述摘编》,北京:中央文献出版社2016年版,第4页。

② 《马克思恩格斯选集》(第一卷),北京:人民出版社2012年版,第406页。

③ 《马克思恩格斯选集》(第一卷),北京:人民出版社2012年版,第406页。

一块"肥肉"。由于资本主义的入侵,"中国逐步成为半殖民地半封建社会,国家蒙辱、人民蒙难、文明蒙尘,中华民族遭受了前所未有的劫难"①。在这一时期,一批有识之士开始思考中国落后挨打的深层原因。有的主张引入西方发展观念,采用西方生产模式,开办各种西式工厂。有的主张"拿来"西方政治体制,企图从政体上彻底改变中国。有的主张在借鉴西方先进发展理念的同时立足中国实际。这些主张付诸实践后,有的失败,有的成功。然而无论是失败,还是成功,都说明了一点,那就是必须创新发展模式和发展理念,开创实现民族复兴的正确道路。

新中国成立后,如何加快创新依然是我国发展需要解决的迫切问题。新中国成立初期,毛泽东曾说:"现在我们能造什么? 能造桌子椅子,能造茶碗茶壶,能种粮食,还能磨成面粉,还能造纸,但是,一辆汽车、一架飞机、一辆坦克、一辆拖拉机都不能造。"②毛泽东这段话深刻揭露了中国创新水平的低下,也表达了他对中国创新发展的忧思。在这样的背景下,党和国家不遗余力地推进社会主义建设,制定科学技术发展规划,再加上我国科技创新人才的艰苦奋斗,我国才能在核研究、航天技术、农业新品种研究等方面取得举世瞩目的科技成就。改革开放之后,邓小平提出"科学技术是第一生产力"③的科学论断,指出我国应深入推进改革开放,不断进行创新发展。江泽民也指出:"创新是一个民族进步的灵魂,是一个国家兴旺发达的不竭动力,也是一个政党永葆生机的源泉"④,将创新的重大意义提到了新高度。胡锦涛也曾强调:"能否抓住机遇、大力推进科技进步和创新,直接关系全面建设

---

① 《习近平著作选读》(第二卷),北京:人民出版社2023年版,第477页。
② 《毛泽东著作选读》(下册),北京:人民出版社1986年版,第712页。
③ 《邓小平文选》(第三卷),北京:人民出版社1993年版,第274页。
④ 《江泽民文选》(第三卷),北京:人民出版社2006年版,第64页。

小康社会、加快社会主义现代化的进程。"①总之,创新发展理念是推动国家发展的关键力量,也是新中国成立之后一直致力于解决的关键问题。

党的十八大以来,我国发展面临着新形势,对创新的需求更加迫切。当今世界,"一些重大颠覆性技术创新正在创造新产业新业态,信息技术、生物技术、制造技术、新材料技术、新能源技术广泛渗透到几乎所有领域,带动了以绿色、智能、泛在为特征的群体性重大技术变革,大数据、云计算、移动互联网等新一代信息技术同机器人和智能制造技术相互融合步伐加快,科技创新链条更加灵巧,技术更新和成果转化更加快捷,产业更新换代不断加快,使社会生产和消费从工业化向自动化、智能化转变,社会生产力将再次大提高,劳动生产率将再次大飞跃"②。在这一背景下,各个国家之间的竞争也愈来愈激烈,各国都在积极寻求开拓新的发展空间和前景。就我国而言,"从我国发展的大逻辑来看,推动高质量发展的前提和基础就是转变发展方式,即改变过去主要依靠资源等要素投入推动经济增长和规模扩张的粗放型发展方式,实现从规模速度型粗放增长转向质量效率型集约增长,从要素投资驱动转向创新驱动"③。这就要求我国必须努力提高自主创新能力,转变经济发展方式,推进供给侧结构性改革,增强创新驱动发展新动力。所以在党的十八届五中全会上,以习近平同志为核心的党中央提出并全面阐述了以"创新"为首的新发展理念,强调"把创新摆在国家发展全局的核心位置,不断推进理论创新、制度创新、科技创新、文化创新等各方面创新,让创新贯穿党和国家一切工作,让创新在全社会蔚然成风"④,标志着我国创新发

---

① 《胡锦涛文选》(第二卷),北京:人民出版社2016年版,第178页。

② 《习近平谈治国理政》(第二卷),北京:外文出版社2017年版,第268页。

③ 林尚立:《把新发展理念贯穿发展全过程和各领域》,《求是》2020年第24期。

④ 《中共中央关于制定国民经济和社会发展第十三个五年规划的建议》,北京:人民出版社2015年版,第8页。

展进入了新阶段。

(二)创新发展理念的内涵

党的十八届五中全会阐述的创新发展理念,是我国在经济发展新常态下做出的理论层面的应对。总体来看,创新发展理念主要包括理论创新、制度创新、科技创新、文化创新。

首先,理论创新是方向引领。中国共产党坚持理论联系实际,及时回答时代之问、人民之问,廓清困扰和束缚实践发展的思想迷雾,不断推进马克思主义中国化时代化,不断开辟马克思主义发展新境界。创新发展理念本身就是我们党依据新时代实践发展应运而生的理论创新成果。"实践没有止境,理论创新也没有止境。世界每时每刻都在发生变化,中国也每时每刻都在发生变化,我们必须在理论上跟上时代,不断认识规律。"[①]坚持理论创新就要摆脱旧的思维模式,结合中国具体实际,对马克思主义理论及其中国化的理论成果进行创新发展,努力实现理论创新与实践创新的良性互动。

其次,制度创新是根本保障。中国特色社会主义道路、理论、制度、文化相互联系、相互影响,其中"中国特色社会主义制度是根本保障"[②]。通过各方面的制度安排,中国特色社会主义伟大事业得以顺利展开,随着中国特色社会主义伟大事业进一步推进,制度创新也应及时跟进。党的二十届三中全会将"坚持以制度建设为主线"[③]概括为进一步全面深化改革必须牢牢把握的重大原则。坚持制度创新就要"坚持解放思想、实事求是,坚持改革创

---

① 《习近平谈治国理政》(第三卷),北京:外文出版社2020年版,第21页。
② 《习近平谈治国理政》(第一卷),北京:外文出版社2018年版,第8页。
③ 《中共中央关于进一步全面深化改革 推进中国式现代化的决定》,《人民日报》2024年7月22日。

新,突出坚持和完善支撑中国特色社会主义制度的根本制度、基本制度、重要制度,着力固根基、扬优势、补短板、强弱项,构建系统完备、科学规范、运行有效的制度体系,加强系统治理、依法治理、综合治理、源头治理,把我国制度优势更好转化为国家治理效能"①,从而通过国家治理效能的增强,推动国家治理取得显著成效,壮大综合国力,为实现中华民族伟大复兴提供坚强保证。

再次,科技创新是关键。习近平指出:"当今世界,谁牵住了科技创新这个'牛鼻子',谁走好了科技创新这步先手棋,谁就能占领先机、赢得优势。"②科技创新对国家的核心竞争力起着至关重要的作用,是一个国家在国际竞争中能否占得优势的关键所在。此外,"科技创新能够催生新产业、新模式、新动能,是发展新质生产力的核心要素"③。只有提高科技创新能力,才能有效地推进经济建设和社会发展,实现经济的高质量发展,从而在国际社会上掌握话语权。

最后,文化创新是精神动力。"文化在国家发展过程中处于基础性的地位,它是开展其他工作的前提。"④文化创新是对文化本体的一种重塑,它涉及文化符号、价值观念、传统习俗等文化要素的再创造和再解释,使文化内容和形式适应时代发展要求,满足人民群众精神文化生活需求的过程。这是文化发展的重要动力,也是增强国家文化软实力、建设社会主义文化强国

---

① 《中共中央关于坚持和完善中国特色社会主义制度　推进国家治理体系和治理能力现代化若干重大问题的决定》,北京:人民出版社2019年版,第5页。

②中共中央文献研究室:《习近平关于科技创新论述摘编》,北京:中央文献出版社2016年版,第26页。

③ 《习近平在中共中央政治局第十一次集体学习时强调　加快发展新质生产力　扎实推进高质量发展》,《人民日报》2024年2月2日。

④ 朱宗友、刘凯:《更加自觉地增强中国特色社会主义自信》,《思想政治课研究》2020年第3期。

的重要途径。推进文化创新,要坚持以习近平文化思想为指导,既坚持和发展中国特色社会主义文化,又吸收借鉴外来优秀文化,不断增强创新意识,努力创造出符合新时代发展潮流的新文化,担负起新的文化使命。

(三)创新发展理念的意义

习近平指出:"创新是一个民族进步的灵魂,是一个国家兴旺发达的不竭动力,也是中华民族最深沉的民族禀赋。在激烈的国际竞争中,惟创新者进,惟创新者强,惟创新者胜。"[1]坚持创新发展理念,有利于引领经济高质量发展、推进和拓展中国式现代化以及创新型政党建设。

首先,创新有利于引领经济高质量发展。纵观世界历史上的数次工业革命,之所以能够发出巨大的经济发展力量,关键就在于创新。第一次工业革命在于蒸汽机的发明,第二次工业革命在于电力的使用,第三次工业革命在于信息技术的应用,当下正在进行的第四次工业革命也得益于科学技术的快速创新。离开创新,经济发展便会失去新鲜血液。正如习近平总书记2020年8月在参观安徽创新馆时指出:"安徽要加快融入长三角一体化发展,实现跨越式发展,关键靠创新。"[2]可见,坚持创新发展理念有利于引领经济高质量发展。

其次,有助于推进和拓展中国式现代化。"推进中国式现代化,是一项前无古人的开创性事业,必然会遇到各种可以预料和难以预料的风险挑战、艰

---

① 中共中央文献研究室:《习近平关于科技创新论述摘编》,北京:中央文献出版社2016年版,第3页。

② 《习近平在安徽考察时强调 坚持改革开放坚持高质量发展 在加快建设美好安徽上取得新的更大进展》,《人民日报》2020年8月22日。

难险阻甚至惊涛骇浪。"①因此推进和拓展中国式现代化必须贯彻落实创新发展理念，推进体制机制改革，打破一切常规束缚，从而产生源源不断的内生动力。当今世界处于百年未有之大变局，科学技术迅猛发展，在这种背景下要赢得主动、打造发展优势、建设现代化国家，必须有先进的发展理念作为指引。党的十九届五中全会首次提出"全面建设社会主义现代化国家"②，并强调："坚持创新在我国现代化建设全局中的核心地位，把科技自立自强作为国家发展的战略支撑，面向世界科技前沿、面向经济主战场、面向国家重大需求、面向人民生命健康，深入实施科教兴国战略、人才强国战略、创新驱动发展战略，完善国家创新体系，加快建设科技强国。"③这说明创新在社会主义现代化建设过程中发挥着相当重要的作用，也说明坚持创新发展理念是推进中国式现代化和完成"十四五"发展目标的强劲推动力。

最后，有利于创新型政党建设。江泽民曾指出，创新"是一个政党永葆生机的源泉"④。中国共产党一直坚持创新理念，坚持与时俱进。党的十八大进一步提出了建设"学习型、服务型、创新型"⑤政党的目标。贯彻创新发展理念有利于创新型政党建设，因为它强调与时俱进、开拓创新，能够推动政党在理论、制度、组织和能力上不断革新进步，确保政党始终保持先进性和领导力，适应时代发展的要求，引领社会变革，增强党同人民群众的联系，

---

① 《习近平在学习贯彻党的二十大精神研讨班开班式上发表重要讲话强调　正确理解和大力推进中国式现代化》，《人民日报》2023年2月8日。

② "全面建设社会主义现代化强国"取代"全面建成小康社会"成为"四个全面"战略布局的一个方面。详见本书编写组：《〈中共中央关于制定国民经济和社会发展第十四个五年规划和二〇三五年远景目标的建议〉辅导读本》，北京：人民出版社2020年版，第7页。

③ 本书编写组：《〈中共中央关于制定国民经济和社会发展第十四个五年规划和二〇三五年远景目标的建议〉辅导读本》，北京：人民出版社2020年版，第9页。

④ 《江泽民文选》（第三卷），北京：人民出版社2006年版，第64页。

⑤ 中共中央文献研究室：《十八大以来重要文献选编》（上），北京：中央文献出版社2014年版，第39页。

从而为党长期稳定执政提供坚实的思想和实践基础。

二、协调发展理念的提出、内涵与意义

习近平指出："协调发展注重的是解决发展不平衡问题。"①实践不断向前发展，理论也随之与时俱进。随着中国特色社会主义事业不断向纵深发展，协调发展理念的内涵也会不断丰富，协调发展理念的重大意义也将日渐突出。

（一）协调发展理念的提出

协调发展理念深刻体现马克思主义唯物辩证法。习近平指出："唯物辩证法认为，事物是普遍联系的，事物及事物各要素相互影响、相互制约，整个世界是相互联系的整体，也是相互作用的系统。坚持唯物辩证法，就要从客观事物的内在联系去把握事物，去认识问题、处理问题。"②协调发展理念正是基于这种认识，充分把握我国发展各领域、各环节、各方面的内在联系，统筹推进发展，创造发展合力，促进中国特色社会主义事业。

协调发展理念的提出也有着深厚历史底蕴。新中国成立初期，我国就开始重视经济社会的协调发展问题。毛泽东在充分调研的基础上撰写《论十大关系》，对我国社会主义建设的不平衡问题进行了全面分析，并提出相应的解决措施。

---

① 习近平：《论把握新发展阶段、贯彻新发展理念、构建新发展格局》，北京：中央文献出版社2021年版，第40页。

② 《习近平谈治国理政》（第二卷），北京：外文出版社2017年版，第204页。

表1-1　毛泽东《论十大关系》内容简表①

十大关系内容	解决措施
重工业和轻工业、农业的关系	要用多发展一些农业、轻工业的办法来发展重工业
沿海工业和内地工业的关系	要充分利用和发展沿海的工业基地,以便更有力量来发展和支持内地工业
经济建设和国防建设的关系	在强调加强国防建设的重要性时,提出把军政费用降到一个适当的比例,增加经济建设费用
国家、生产单位和生产者个人的关系	三者的利益必须兼顾,不能只顾一头,既要提倡艰苦奋斗,又要关心群众生活
中央和地方的关系	要在巩固中央统一领导的前提下,扩大地方的权力,让地方办更多的事情,发挥中央和地方两个积极性
汉族和少数民族的关系	要着重反对大汉族主义,也要反对地方民族主义,要诚心诚意地积极帮助少数民族发展经济建设和文化建设
党和非党的关系	共产党和民主党派要长期共存,互相监督
革命和反革命的关系	必须分清敌我,化消极因素为积极因素
是非关系	对犯错误的同志要实行"惩前毖后、治病救人"的方针,要允许人家犯错误,允许并帮助他们改正错误
中国和外国的关系	要学习一切民族、一切国家的长处,包括资本主义国家先进的科学技术和科学管理方法,要反对不加分析地一概排斥或一概照搬

可以看到,十大关系涉及我国发展各领域,并强调实现各领域的协调发展,为新中国的社会主义建设提供了科学指引。

改革开放以来,我国注重在改革开放的伟大实践中推进协调发展。例如,在经济方面,不仅注重经济特区和沿海开放城市的发展,还注重内陆城市发展。在文化方面,推动中华优秀传统文化与革命文化、社会主义先进文化及文化事业与文化产业协调发展,强调精神文明建设要与物质文明建设协调推进。在生态保护方面,提出建立资源节约型和环境友好型社会,努力实现人与自然的和谐发展。总之,协调发展理念是贯穿改革开放伟大进程

---

① 《毛泽东文集》(第七卷),北京:人民出版社1999年版,第23~49页。

中的重要指针。

党的十八大以来,以习近平同志为核心的党中央高度重视协调发展,强调我国发展要贯彻协调发展理念,推动我国整体发展。党的十八届五中全会通过的《中共中央关于制定国民经济和社会发展第十三个五年规划的建议》指出:"增强发展协调性,必须坚持区域协同、城乡一体、物质文明精神文明并重、经济建设国防建设融合,在协调发展中拓宽发展空间,在加强薄弱领域中增强发展后劲"①,这进一步明确了我国协调发展的目标要求,为新时代协调发展提供了科学指引。

(二)协调发展理念的内涵

习近平深刻指出:"我国发展不协调是一个长期存在的问题,突出表现在区域、城乡、经济和社会、物质文明和精神文明、经济建设和国防建设等关系上。"②可见,协调发展涉及区域、城乡、经济和社会等诸多方面。

第一,区域协调发展。区域协调发展是实现高质量发展的内在要求,是紧扣我国社会主要矛盾转化、解决发展不平衡不充分问题的重要举措。我国区域差异大、发展不平衡的基本国情,决定了在经济发展上既不能简单要求各地区"齐步走",也不能完全放任各地区发展差距不断拉大,而是要根据各地区的条件,发挥比较优势,走合理分工、优化发展的路子,构建全国高质量发展的新动力源,在高质量发展中促进区域协调发展。

第二,城乡协调发展。协调城乡关系是实现中国式现代化的重要方面,

---

① 《中共中央关于制定国民经济和社会发展第十三个五年规划的建议》,北京:人民出版社2015年版,第19页。

② 习近平:《论把握新发展阶段、贯彻新发展理念、构建新发展格局》,北京:中央文献出版社2021年版,第40页。

推进城乡协调发展,是国家现代化的重要标志。"城乡协调发展在空间格局上追求城乡互促互进、共生共存,而非城市繁荣乡村凋敝、城市挤压乡村;在治理体系上追求城乡平等互惠、价值共创,而非城市管理乡村、乡村沦为城市附庸。"①在此基础上,城乡协调发展才能顺利推进,协调发展的成果成效才具有可持续性。

第三,经济和社会协调发展。经济和社会协调发展是指在经济建设与社会建设之间实现均衡与统一,通过坚持以人民为中心的发展思想,追求经济增长与社会进步的同步,确保经济发展成果惠及全体人民。这种发展理念要求我们在制定和实施政策时,既要考虑经济效益,也要考虑社会效益,确保经济发展与社会进步相互促进、相互支撑。通过这种方式,可以促进社会资源的合理配置,提高人民的生活质量,构建和谐社会,为子孙后代留下可持续发展的空间,从而实现经济与社会的长期稳定和健康发展。

第四,物质文明与精神文明协调发展。中国特色社会主义是全面发展、全面进步的伟大事业。习近平指出:"实现中国梦,是物质文明和精神文明均衡发展、相互促进的结果"②,强调"物质富足、精神富有是社会主义现代化的根本要求"③。当今中国正处于实现中华民族伟大复兴的关键时期,国家强盛、民族复兴需要物质文明的积累,更需要精神文明的升华。在新征程上,我们既要不断厚植现代化的物质基础,夯实人民幸福生活的物质条件,又要大力发展社会主义先进文化,让全体人民始终拥有团结奋斗的思想基础、开拓进取的主动精神、健康向上的价值追求。

---

① 周绍杰、钟晓萍:《中国式现代化视角下城乡协调发展的三重逻辑与推进路径》,《甘肃社会科学》2024年第3期。

② 《习近平外交演讲集》(第一卷),北京:中央文献出版社2022年版,第103页。

③ 习近平:《高举中国特色社会主义伟大旗帜 为全面建设社会主义现代化国家而团结奋斗——在中国共产党第二十次全国代表大会上的报告》,北京:人民出版社2022年版,第22页。

第五,经济建设与国防建设融合发展。"强国往往是经济和军事共同作用的结果。经济建设是国防建设的基本依托,国防建设是我国现代化建设的战略任务,国防实力要和经济实力相匹配,不然就不能为经济社会发展提供有力安全保障。"①统筹经济建设和国防建设,既要保持国民经济平稳较快发展,依托经济建设提供的物质技术基础,实现国防和军队建设质和量的提升;同时又要充分发挥国防和军队建设对经济建设的保证、引领和带动作用,提升经济发展的质量与效益。

(三)协调发展理念的意义

习近平指出:"我国社会各种利益关系十分复杂,这就要求我们善于处理局部和全局、当前和长远、重点和非重点的关系,在权衡利弊中趋利避害、作出最为有利的战略抉择。"②在这种背景下,贯彻协调发展理念具有重大理论和现实意义。

第一,有利于加快推进中国式现代化进程。中国式现代化是全面发展的现代化,因此要通过优化经济结构、保障社会公平、提升人民福祉、推动可持续发展,实现经济增长与社会发展的同步。这不仅有助于缓解发展过程中的矛盾和冲突,而且能够为加快推进中国式现代化进程提供坚实的理论支撑和实践指导,确保社会主义现代化建设在高质量、高效益、可持续的道路上稳步前进。正如习近平所说:"协调发展是制胜要诀。"③在建功"十四五"和全面建成社会主义现代化强国的进程中,要继续坚持贯彻落实协调发

---

① 中共中央宣传部:《习近平新时代中国特色社会主义思想学习纲要(2023年版)》,北京:学习出版社、人民出版社2023年版,第255页。

② 习近平:《辩证唯物主义是中国共产党人的世界观和方法论》,《求是》2019年第1期。

③ 中共中央文献研究室:《习近平关于全面建成小康社会论述摘编》,北京:中央文献出版社2016年版,第60页。

展理念,全面推进中国特色社会主义事业发展,不断开辟我国发展新境界。

第二,有利于适应和引领经济发展新常态。新常态是一个客观状态,是我国经济发展到一定阶段必然会出现的一种状态,适应新常态、把握新常态、引领新常态是我国经济发展的大逻辑。在新常态下,我国经济发展的环境、条件、任务、要求等都发生了新的变化,增长速度转向中高速,发展方式转向质量效率型,经济结构调整转向调整存量、做优增量并举,发展动力转向创新驱动。贯彻协调发展理念有利于适应和引领经济发展新常态,正如有学者所说:"协调发展理念是引导我国经济社会发展克服'唯GDP论英雄'的指挥棒,推动经济社会的协调发展,本身就有助于我国加快经济结构调整和升级转型,引领创新驱动发展,加快弥补发展短板,积极适应和引领经济新常态。"①

第三,践行协调发展有助于应对和克服逆全球化思潮。习近平指出:"当前,逆全球化思潮正在发酵,保护主义的负面效应日益显现,收入分配不平等、发展空间不平衡已成为全球经济治理面临的最突出问题。"②这些问题说明全球化出现了失衡,而协调发展理念能够通过协调推进发展的各种举措有效应对全球化失衡,推动经济全球化朝着更加开放、包容、普惠、平衡、共赢的方向发展,让各国人民共享经济全球化和世界经济发展成果。

三、绿色发展理念的提出、内涵与意义

绿色发展是我国生态文明建设的重要体现,是实现可持续发展的必要途径,也是全面建成社会主义现代化强国的题中应有之义。绿色发展理念

---

① 权衡:《协调发展理念的丰富内涵与重大意义》,《经济日报》2016年7月28日。

② 《习近平谈治国理政》(第三卷),北京:外文出版社2020年版,第461~462页。

有着丰富理论内涵和鲜明实践导向,在经济社会发展中占据着十分重要的地位。

（一）绿色发展理念的提出

在马克思和恩格斯所处的时代,虽然生态环境问题尚未引起人类的广泛关注,但他们已经注意到社会上存在的生态环境问题和保护生态环境的重要性。例如,马克思在《1844年经济学哲学手稿》中谈论异化问题时,分析了自然界在人类社会发展中的重要作用。他指出:"没有自然界,没有感性的外部世界,工人什么也不能创造。自然界是工人的劳动得以实现、工人的劳动在其中活动、工人的劳动从中生产出和借以生产出自己的产品的材料。"①意思是说,自然界是人得以生存和发展的基础,人依靠自然而活。恩格斯在《英国工人阶级状况》一书中为说明工人阶级身处的苦难环境,对城市生态问题也进行了一定的研究,不仅指出工人阶级有着糟糕的劳动和生活环境,也谈到了水污染、空气污染等环境污染问题。后来恩格斯又在《自然辩证法》中深入探讨了保护生态环境的相关问题,他强调:"我们决不像征服者统治异族人那样支配自然界,决不像站在自然界之外的人似的去支配自然界——相反,我们连同我们的肉、血和头脑都是属于自然界和存在于自然界之中的;我们对自然界的整个支配作用,就在于我们比其他一切生物强,能够认识和正确运用自然规律。"②可以看出,马克思和恩格斯通过对资本主义社会生态环境问题的考察和研究,提出了有关保护生态环境、实现绿色发展的丰富思想,构成了马克思主义生态文明思想的重要内容。

在西方世界,保护生态环境引起了人们的高度关注。1962年,被誉为

---

① 《马克思恩格斯文集》(第一卷),北京:人民出版社2009年版,第158页。
② 《马克思恩格斯选集》(第三卷),北京:人民出版社2012年版,第998页。

"现代环境运动之母"的美国海洋生物学家蕾切尔·卡逊出版《寂静的春天》一书,在世界范围内引起了轰动。在书中,她揭露了因滥用农药导致的环境污染对生态系统的破坏,导致"到处都寂静得出奇",农场里的母鸡下了蛋却孵不出小鸡,猪崽的数量极少而且瘦小体弱、极易夭夭,花丛中的蜜蜂也不见了。①为此,她提出要保护生态环境,减少使用化学农药。1968年,美国著名生态经济学家加勒特·哈丁在《科学》杂志发表题为《公地的悲剧》的论文,后又在此基础上出版《生活在极限之内:生态学、经济学和人口禁忌》一书,提出了备受关注和争论的"公地悲剧理论"。在他看来,这个世界是有限的,但是包括人口在内的大多数事物都在指数级增长,逐渐会超过世界的承受能力,环境污染等事件自然就会发生,因而难免会出现"公地的悲剧","公地的悲剧是短缺的结果"。②哈丁的理论虽然广受争议,却为推进世界环境和生态保护运动做出了重要贡献。1972年,罗马俱乐部的科学家们又发表了震惊世界的研究报告《增长的极限》,对西方以资源的高消耗、污染的高排放和生态的严重破坏为代价的经济增长理论进行深刻反思,指出了保护生态环境的极端重要性,引起了国际社会的广泛关注和热烈讨论。此外,20世纪还发表了一些其他关注保护生态环境的报告和重要文件,例如《人类环境宣言》(1972)、《我们共同的未来》(1987),以及1992年出台的《里约环境与发展宣言》和《21世纪议程》两份重要文件,这些报告和文件对生态环境保护问题提出了热烈关切,对保护生态环境的实践展开起到了重要的促进作用。

保护生态环境、坚持绿色发展理念在中国也被高度关注。"发展理念是对经济社会发展客观规律的总结和提炼,是执政党执政理念在发展问题上

---

① [美]蕾切尔·卡逊:《寂静的春天》,张经鹏译,北京:中国文联出版社2018年版,第2页。

② [美]加勒特·哈丁:《生活在极限之内》,戴星翼、张真译,上海:上海译文出版社2016年版,第304页。

的反映。"①绿色发展理念的提出是中国共产党对国际国内社会发展经验的深刻总结,体现出坚持人与人、人与社会、人与自然和睦相处的马克思主义执政党的鲜明特质。改革开放以来,为追求经济的快速发展,走过"先污染后治理"的经济发展老路,生态环境方面欠账很多,一时间各类环境污染呈高发态势,成为民生之患、民心之痛。究其原因,主要包括三个方面的基本内容:第一,绿色生产注重不够。企业中有部分人员思想较为保守,持有原有的落后经济观念,对环境保护认识不足,采取较为落后的生产方式。第二,绿色生活理念模糊。生活中有一部分人仍以一种较为不健康的方式生活,经常使用一次性餐具,无垃圾分类意识,对垃圾应该如何分类知之甚少。第三,绿色环境意识缺乏。存在乱砍滥伐现象,导致水土流失。在树木茂密的山林地区,不注意用火安全,山火隐患严重,危及人类的生命安全,破坏生态平衡。

面对日趋恶化的生态环境,保护生态环境逐渐被提上议程。党的十六届五中全会首次提出建立"资源节约型、环境友好型社会",为我国经济社会主义发展提供了遵循。此外,科学发展观也对保护生态环境做出了重要部署。全面协调可持续是科学发展观的基本要求,这一要求规定"坚持文明发展道路,就要在经济社会发展过程中,把推进生产发展、实现生活富裕、保持生态良好有机统一起来,坚持以生产发展为基础,以生活富裕为目的,以生态良好为条件,努力实现社会经济系统和自然生态系统的良性循环"②,进一步推进了生态环境保护进程。

党的十八届五中全会首提绿色发展理念。全会指出:"绿色是永续发展的必要条件和人民对美好生活追求的重要体现。必须坚持节约资源和保护

---

①　曲青山主编:《共产党执政规律研究》,北京:人民出版社2020年版,第422页。

②　中共中央宣传部:《科学发展观学习读本》,北京:学习出版社2008年版,第43页。

环境的基本国策,坚持可持续发展,坚定走生产发展、生活富裕、生态良好的文明发展道路,加快建设资源节约型、环境友好型社会,形成人与自然和谐发展现代化建设新格局,推进美丽中国建设,为全球生态安全作出新贡献。"[1]全会的规定为我国统筹经济发展和生态文明建设提供了根本遵循,构成习近平生态文明思想的重要内容。

(二)绿色发展理念的内涵

绿色发展注重的是解决人与自然和谐问题,"涉及生产方式、生活方式、消费方式和思维方式等人类生产生活各领域"[2],具有丰富的理论意涵。

第一,生产方式绿色。生产方式绿色是指企业在生产活动中实施清洁生产、资源循环利用、节能减排、生态设计、环境管理体系、绿色供应链管理、可持续采购和产品责任等策略,以实现环境友好、资源节约和生态可持续的生产作业模式,旨在减少生产过程对环境的负面影响,提高资源利用效率,推动经济与环境的和谐共生。

第二,生活方式绿色。生活方式绿色是一种生态理性的生活实践范式,体现了个体在日常生活中对环境可持续性原则的深刻认同与践行。涉及在消费行为、交通选择、居住环境、资源利用等多个生活领域,系统性地采纳环境保护、资源节约和循环利用的策略,以减少生态破坏,促进生态平衡与社会的可持续发展。这种生活方式强调通过提升环境意识、实施可持续消费模式、优化资源管理、参与生态维护活动等措施,构建一种与自然和谐共生的生活形态,从而在理论上和实践上支撑生态文明的建设与发展。

---

①　《中共中央关于制定国民经济和社会发展第十三个五年规划的建议》,北京:人民出版社2015年版,第9页。

②　侯衍社:《新发展理念是21世纪马克思主义发展哲学的精髓》,《哲学研究》2022年第7期。

第三,消费方式绿色。绿色消费方式是指消费者在日常生活中选择环境友好、资源节约的产品和服务,采取减少浪费、重复使用和回收再利用的措施,以实现环境保护、资源可持续性和经济社会可持续发展的消费模式。这种消费方式强调在满足人类需求的同时,最小化对环境的负面影响,推动形成更加和谐的人与自然关系。

第四,思维方式绿色。思维方式绿色作为一种生态理性的思维范式,体现了对现代性消费主义和工业化增长模式的深刻反思与超越,更是对构建可持续发展社会路径的积极探索。它倡导在认知与实践层面,融入生态中心主义的伦理观,要求人们在思考问题和采取行动时,始终将环境保护和可持续发展作为重要的考量因素,旨在构建一种符合生态规律与人类长远福祉的思考与决策框架。

(三)绿色发展理念的意义

习近平指出:"生态环境保护是功在当代、利在千秋的事业。要清醒认识保护生态环境、治理环境污染的紧迫性和艰巨性,清醒认识加强生态文明建设的重要性和必要性。"①推行绿色发展理念、建设生态文明,有助于保护生态环境、开展绿色生活、推动绿色生产。

第一,有助于保护生态环境。贯彻绿色发展理念旨在合理利用自然资源,不违背自然规律,努力实现人类社会与自然社会的平衡发展及自然社会自身的生态平衡,从而实现人与自然和谐共生。"对人的生存来说,金山银山固然重要,但绿水青山是人民幸福生活的重要内容,是金钱不能代替的。挣

---

① 《习近平谈治国理政》(第一卷),北京:外文出版社2018年版,第208页。

到了钱,但空气、饮用水都不合格,哪有什么幸福可言。"①

第二,有助于开展绿色生活。贯彻落实绿色发展理念,加快形成绿色生活方式,是人民幸福生活的必要条件。随着绿色发展理念的深入贯彻落实,能够有效增强全民节约意识、环保意识、生态意识,培养生态道德和行为习惯,让天蓝地绿水清深入人心,在全社会牢固树立生态文明理念。绿色发展理念深入人心,有利于开展全民绿色行动,推行简约适度、绿色低碳的生活方式,反对奢侈浪费和不合理消费,形成文明健康的生活风尚,还可以通过生活方式绿色革命,倒逼生产方式绿色转型,把建设美丽中国转化为全体人民自觉行动。

第三,有助于推动绿色生产。"生态环境保护和经济发展是辩证统一的关系。良好生态本身蕴含着无穷的经济价值,能够源源不断创造综合效益,实现经济社会可持续发展。"②生产领域贯彻落实新发展理念,能够做到"坚决摒弃损害甚至破坏生态环境的增长模式,加快形成节约资源和保护环境的空间格局、产业结构、生产方式、生活方式,把经济活动、人的行为限制在自然资源和生态环境能够承受的限度内,才能给自然生态留下休养生息的时间和空间,实现经济社会发展和生态环境保护协调统一、人与自然和谐共生"③。自然生态有了休养生息的时间和空间,能够进一步创造更多的生产价值,从而带动经济增长。

---

① 中共中央宣传部:《习近平新时代中国特色社会主义思想学习纲要(2023年版)》,北京:学习出版社、人民出版社2023年版,第225页。

② 朱宗友、周虎:《推进生态文明建设须提高科学思维能力》,《经济日报》2020年7月14日。

③ 中共中央宣传部:《习近平新时代中国特色社会主义思想学习纲要(2023年版)》,北京:学习出版社、人民出版社2023年版,第226~227页。

四、开放发展理念的提出、内涵与意义

开放发展理念的提出有其特殊历史和时代背景,并具有丰富理论与实践内涵,实施开放发展理念有着多方面重大意义。

(一)开放发展理念的提出

马克思和恩格斯曾在19世纪中叶就指出人类历史发展已进入世界历史阶段。他们认为:"各个相互影响的活动范围在这个发展进程中越是扩大,各民族的原始封闭状态由于日益完善的生产方式、交往以及因交往而自然形成的不同民族之间的分工消灭得越是彻底,历史也就越是成为世界历史。"①随着人类历史发展进入世界历史阶段,人类社会的联系日益紧密,"过去那种地方的和民族的自给自足和闭关自守状态,被各民族的各方面的互相往来和各方面的互相依赖所代替了。物质的生产是如此,精神的生产也是如此"②。资本主义正是从这一阶段开始慢慢兴起,并逐渐发展壮大。随着资本主义的发展壮大,即便给人类社会带来了革命性的变化,也给人类社会带来了不少灾难,例如黑奴贸易、殖民战争、金融危机、世界大战等。尽管人类经历了多种磨难,最终都以巨大的勇气和毅力战胜了不可战胜的强敌,创造了新的发展机遇。世界历史发展至今,和平与发展成了时代主题,推动构建人类命运共同体日益成为世界共识。正如习近平总书记所说:"世界历史发展告诉我们,人类文明进步历程从来没有平坦的大道可走,人类就是在同困难的斗争中前进的。再大的困难,都不可能阻挡人类前行的步伐。遇

---

① 《马克思恩格斯选集》(第一卷),北京:人民出版社2012年版,第168页。
② 《马克思恩格斯选集》(第一卷),北京:人民出版社2012年版,第404页。

到了困难,不要埋怨自己,不要指责他人,不要放弃信心,不要逃避责任,而是要一起来战胜困难。"①

中国的历史发展也告诉我们,开放带来进步,封闭必然落后。西汉时,张骞通西域与丝绸之路的开辟,促进了中西方经济文化的交流。汉武帝之后,开始形成"海上丝绸之路"。汉朝的丝绸之路、陆上最远通到欧洲大秦,海上最远到达印度半岛南端,促进了政治经济文化交流。隋唐时期开放范围更加广泛、形式更加多样。唐朝政府鼓励外商来中国贸易,鉴真东渡日本传播唐朝文化,陆上丝绸之路向东可达朝鲜,向西可至非洲、阿拉伯及欧洲,海上在唐朝时可达波斯湾。宋朝设立市舶司管理,鼓励海外贸易。元朝马可·波罗来华、明朝郑和七下西洋都促进了中国与亚非各国之间的联系,这些时期在历史上都促进了中国的对外开放,加强了中国对外的交流。明清时期实行闭关锁国,致使中国在世界上开始逐步落伍,中国开始与世界隔绝,逐渐走向衰落,开始了耻辱的近代历史。这说明,一个国家要繁荣必须开放,封闭必然落后,落后就要挨打。

新中国成立后,历届党和国家领导人都在不同程度上关注了对外开放问题。在新中国成立初期,毛泽东认为只有不断地与经济发展水平高的国家进行贸易交往,吸引国外资本主义国家先进的科学技术与思想,中国才能够不断壮大发展。他在《论十大关系》中指出:"我们的方针是,一切民族、一切国家的长处都要学,政治、经济、科学、技术、文学、艺术的一切真正好的东西都要学。但是,必须有分析有批判地学,不能盲目地学,不能一切照抄,机械搬用。他们的短处、缺点,当然不要学。"②以邓小平为主要代表的中国共产党人在党的十一届三中全会提出了对外开放这一伟大决策,肯定了对外

———————

① 习近平:《共担时代责任,共促全球发展》,《求是》2020年第24期。
② 《毛泽东文集》(第七卷),北京:人民出版社1999年版,第41页。

开放的重要性并深刻阐述了改革与开放的关系。20世纪末,以江泽民为主要代表的中国共产党人始终坚持把对外开放作为我国发展的指导方针。21世纪初,以胡锦涛为主要代表的中国共产党人积极寻求外部合作,充分发挥自主创新与外部引进的积极作用,不断提升我国社会经济发展能力与自主发展能力。

党的十八大以来,依据当今时代条件和国际局势变化,开放作为一种发展理念被提出。习近平指出:"今天,人类交往的世界性比过去任何时候都更深入、更广泛,各国相互联系和彼此依存比过去任何时候都更频繁、更紧密。"[①]因为各国联系更频繁、更紧密才使得全球命运与共、休戚相关。这就决定了大家在共享发展机遇的同时也要共同应对挑战。当今世界处于百年未有之大变局,世界多极化、经济全球化深入发展,社会信息化、文化多样化持续推进,新一轮科技革命和产业革命正在孕育成长,各国相互联系、相互依存,和平力量的上升远远超过战争因素的增长,和平、发展、合作、共赢的时代潮流更加强劲。同时,"人类也正处在一个挑战层出不穷、风险日益增多的时代。世界经济增长乏力,金融危机阴云不散,发展鸿沟日益突出,兵戎相见时有发生,冷战思维和强权政治阴魂不散,恐怖主义、难民危机、重大传染性疾病、气候变化等非传统安全威胁持续蔓延"[②]。这些危机和挑战没有哪一个国家能够独自应对,只能是世界各国通力合作,共同抵制。基于这些时代背景,作为新发展理念重要内容之一的开放发展理念在党的十八届五中全会上被首次提出。

---

① 习近平:《在纪念马克思诞辰200周年大会上的讲话》,北京:人民出版社2018年版,第22页。

② 习近平:《共同构建人类命运共同体》,《求是》2021年第1期。

（二）开放发展理念的内涵

开放是一个国家或地区繁荣发展的必经之路,主要解决的是发展的内外联动问题,是中国立足世界,不断开创辉煌的重要法宝,是内陆地区后发赶超的利器。准确认识和把握开放发展理念,必须明确其蕴含的深刻内涵,这对于我们将开放发展从理论落实到实践行动中去具有重要指导意义。

第一,开放发展是全面开放。开放发展不是某一方面或是某一领域的发展,而是指在开放领域、开放范围、开放内容等多方面的综合全面发展。习近平指出:"中国对外开放是全方位、全领域的,正在加快推动形成全面开放新格局。中国将继续鼓励自由贸易试验区大胆试、大胆闯,加快推进海南自由贸易港建设,打造开放新高地。中国将继续推动京津冀协同发展、长江经济带发展、长三角区域一体化发展、粤港澳大湾区建设,并将制定黄河流域生态保护和高质量发展新的国家战略,增强开放联动效应。"①可见,我国贯彻的开放发展理念是全面的开放,而不是某一领域、某一地区的开放。改革开放以来四十多年的发展成就也证明中国所走的全面开放道路是正确道路,有利于推进我国社会主义现代化进程。中国对世界宣布:"中国开放的大门不会关闭,只会越开越大!"②

第二,开放发展是主动开放。主动开放,就是要以更加积极主动的姿态融进世界经济全球化的浪潮中,在世界民族之林中站稳脚跟。当今世界,随着经济全球化的发展,没有任何一个国家可以置身事外,独善其身,任何人都回避不了开放发展的时代潮流,搞保护主义很可能会得不偿失。习近平指出:"搞保护主义如同把自己关进黑屋子,看似躲过了风吹雨打,但也隔绝

---

① 《习近平谈治国理政》(第三卷),北京:外文出版社2020年版,第211页。

② 《习近平谈治国理政》(第三卷),北京:外文出版社2020年版,第194页。

了阳光和空气。"①隔绝了阳光和空气,也就隔绝了生机与活力,没有生机与活力难以在世界经济的大海中破浪前行。世界"已经不可能由哪个大国继续独霸世界,即便是最强大的国家,也必须同其他国家合作处理国际事务"②。"各国削减壁垒、扩大开放,国际经贸就能打通血脉;如果以邻为壑、孤立封闭,国际经贸就会气滞血瘀,世界经济也难以健康发展。"③因此只有顺应时代发展潮流,主动对外开放,敢于到世界市场的汪洋大海中去游泳,勇敢地迈向世界市场,才是正确的战略抉择。

第三,开放发展是共赢开放。互利共赢是开放发展的价值追求。开放不是某个国家的发展,而是各国之间互利共赢,共同发展。在庆祝中国共产党成立95周年大会上,习近平强调:"中国对外开放,不是要一家唱独角戏,而是要欢迎各方共同参与;不是要谋求势力范围,而是要支持各国共同发展;不是要营造自己的后花园,而是要建设各国共享的百花园。"④中国将积极参与全球治理体系改革和建设,推动国际政治经济秩序朝着更加公正合理的方向发展。一些存有偏见之士,费心炮制"中国威胁论",抹黑中国的开放发展理念,认为中国的发展会威胁到合作国的发展。事实上,中国对外开放的实践让世界看到的是越来越多的益处,而非所谓的威胁。"中国无论发展到什么程度,都永远不称霸,永远不搞扩张。我们倡议世界各国政党同我们一道,做世界和平的建设者、全球发展的贡献者、国际秩序的维护者。"⑤中国给世界带来的只会有机遇,在开放发展中追求的只会是共赢。

---

① 习近平:《共担时代责任,共促全球发展》,《求是》2020年第24期。

② 傅莹:《看世界2:百年变局下的挑战和抉择》,北京:中信出版社2021年版,第27~28页。

③ 习近平:《共建创新包容的开放型世界经济——在首届中国国际进口博览会开幕式上的主旨演讲》,《人民日报》2018年11月6日。

④ 中共中央文献研究室:《习近平关于社会主义经济建设论述摘编》,北京:中央文献出版社2017年版,第302页。

⑤ 《习近平谈治国理政》(第三卷),北京:外文出版社2020年版,第437页。

第四，开放发展是安全开放。保证安全是开放发展的题中应有之义。开放是为了发展自身，不能让有开放带来的危险危害到自身建设，否则便脱离了发展的本意。习近平总书记指出："当前中国国家安全内涵和外延比历史上任何时候都要丰富，时空领域比历史上任何时候都要宽广，内外因素比历史上任何时候都要复杂。"①习近平总书记深刻分析了影响国家安全的复杂因素，从多个维度把握开放过程中的安全问题，如政治安全、经济安全、文化安全、社会安全等方面。所以他指出："必须坚持国家利益至上，以人民安全为宗旨，以政治安全为根本，统筹外部安全和内部安全、国土安全和国民安全、传统安全和非传统安全、自身安全和共同安全，完善国家安全制度体系，加强国家安全能力建设，坚决维护国家主权、安全、发展利益。"②

第五，开放发展是公平开放。公平开放要求各个国家在交流合作的过程中坚持平等互惠原则，坚持公平竞争。目前"全球最富有的1%人口拥有的财富量超过其余99%人口财富的总和，收入分配不平等、发展空间不平衡令人担忧。全球仍然有7亿多人口生活在极端贫困之中。对很多家庭而言，拥有温暖住房、充足食物、稳定工作还是一种奢望。这是当今世界面临的最大挑战，也是一些国家社会动荡的重要原因"③。因此习近平总书记呼吁世界"要让发展更加平衡，让发展机会更加均等、发展成果人人共享，就要完善发展理念和模式，提升发展公平性、有效性、协同性"④。中国将继续坚定奉行独立自主的和平外交政策，努力以对话弥合分歧、以谈判化解争端，在相

---

① 习近平：《坚持总体国家安全观　走中国特色社会国家安全道路》，《人民日报》2014年4月15日。

② 习近平：《决胜全面建成小康社会　夺取新时代中国特色社会主义伟大胜利——在中国共产党第十九次全国代表大会上的报告》，北京：人民出版社2017年版，第24页。

③ 习近平：《共担时代责任，共促全球发展》，《求是》2020年第24期。

④ 习近平：《共担时代责任，共促全球发展》，《求是》2020年第24期。

互尊重、平等互利的基础上,积极发展同各国友好合作关系,始终做世界和平的建设者、全球发展的贡献者、国际秩序的维护者。

(三)开放发展理念的意义

习近平指出:"融入世界经济是历史大方向,中国经济要发展,就要敢于到世界市场的汪洋大海中去游泳,如果永远不敢到大海中去经风雨、见世面,总有一天会在大海中溺水而亡。所以,中国勇敢迈向了世界市场。在这个过程中,我们呛过水,遇到过漩涡,遇到过风浪,但我们在游泳中学会了游泳。这是正确的战略抉择"①,这一正确决策具有多方面重大意义。

首先,有利于学习借鉴人类创造的一切优秀文明成果。习近平指出:"实践告诉我们,要发展壮大,必须主动顺应经济全球化潮流,坚持对外开放,充分运用人类社会创造的先进科学技术成果和有益管理经验。"②通过学习借鉴国外先进发展成果和先进管理经验,能够有效激发中国发展潜力,激发发展活力,这是改革开放以来中国取得多方面重大成就的重要原因。

其次,有利于发展人类文明多样性。习近平指出:"文明具有多样性,就如同自然界物种的多样性一样,一同构成我们这个星球的生命本源。"③"没有多样性,就没有人类文明。多样性是客观现实,将长期存在。差异并不可怕,可怕的是傲慢、偏见、仇视,可怕的是想把人类文明分为三六九等,可怕的是把自己的历史文化和社会制度强加给他人。"④说其可怕,是因为这种思

---

① 习近平:《共担时代责任,共促全球发展》,《求是》2020年第24期。

② 《习近平著作选读》(第一卷),北京:人民出版社2023年版,第436页。

③ 习近平:《共同开创中阿关系的美好未来——在阿拉伯国家联盟总部的演讲》,《人民日报》2016年1月22日。

④ 习近平:《让多边主义的火炬照亮人类前行之路——在世界经济论坛"达沃斯议程"对话会上的特别致辞》,《人民日报》2021年1月26日。

维一旦付诸实践会带来严重后果。世界上因强行移植或灌输社会制度带来严重后果的并不少见，"颜色革命"给一些国家带来的不是美好社会制度，而是对整个社会的危害。所谓的"阿拉伯之春"最终却变成了"阿拉伯之冬"，等等。不同国家的基本国情千差万别，因此唯有适合本国基本国情的社会制度才能够真正促进国家繁荣发展。如果一意秉持意识形态偏见，必将带来不可承受之痛。唯有摒弃意识形态偏见，坚持开放发展理念，以文明交流超越文明隔阂、文明互鉴超越文明冲突、文明共存超越文明优越，才是有利于人类文明多样性发展的人间正道。

最后，开放发展理念是解决世界发展问题的一把钥匙。世界的问题需要世界各国共同解决。树立开放发展理念是世界各国解决世界问题的必然抉择。中国秉持开放发展理念，与其他国家开展广泛的交流合作，还大力帮助一些发展中国家实现经济发展、提高人民生活水平。相比之下，一些发达国家的做法却令人唏嘘。美国著名生态经济学家加勒特·哈丁曾在《生活在极限之内》一书中说："在一个名副其实的短缺世界里，一小部分富有者对为数众多的贫困者除了同情几乎无能为力。"[1]在他看来，因为资源的短缺，发达国家没有必要帮助贫困国家，这显然具有私有制主导下的固有偏见。对于当今世界而言，开放合作是正道，也是解决世界发展问题的一把钥匙。"中国发展为广大发展中国家走向现代化提供了成功经验、展现了光明前景，是促进世界和平与发展的强大力量，是中华民族对人类文明进步作出的重大贡献。"[2]

---

① [美]加勒特·哈丁：《生活在极限之内》，戴星翼、张真译，上海：上海译文出版社2016年版，第308页。

② 习近平：《在庆祝改革开放40周年大会上的讲话》，北京：人民出版社2018年版，第21页。

五、共享发展理念的提出、内涵与意义

新中国成立特别是改革开放以来我国经济建设取得举世瞩目的成就，经济实力、科技实力、文化影响力以及国防实力显著提升，人民生活水平得到了显著改善，但是也出现了发展不平衡不协调等问题。为了破解我国发展难题、增强发展动力、厚植发展优势，党的十八届五中全会提出"创新、协调、绿色、开放、共享"的新发展理念，共享发展是新发展理念的出发点和落脚点，坚定不移地贯彻共享发展理念，"必须坚持发展为了人民、发展依靠人民、发展成果由人民共享，作出更有效的制度安排，使全体人民在共建共享发展中有更多获得感，增强发展动力，增进人民团结，朝着共同富裕方向稳步前进"①。

（一）共享发展理念的提出

马克思主义经典作家的共享发展思想是共享发展理念的理论渊源。虽然马克思和恩格斯在其理论与著作中并未明确提出共享发展思想，但是马克思主义经典作家的共享发展思想蕴含在他们科学而先进的共产主义思维中，科学社会主义的终极目的是要建立人人享有、共同富裕的理想社会，进而取代充满剥削和压迫的资本主义社会，这种理想社会意味着社会主体对社会资源公平分配、社会主体对社会成果人人共享。一方面，马克思主义经典作家的共享发展思想体现为公平正义的价值追求。社会公平正义不仅是实现共享发展的前提条件，更是共享发展的基本价值取向，共享发展的落脚

---

① 《中国共产党第十八届中央委员会第五次全体会议文件汇编》，北京：人民出版社2015年版，第13页。

点和核心逻辑就是要实现社会的公平正义,建立人人平等、人人享有、共同富裕的共产主义社会。马克思和恩格斯在《共产党宣言》中对这一崇高理想进行了揭示:"过去的一切运动都是少数人的,或者为少数人谋利益的运动。无产阶级的运动是绝大多数人的,为绝大多数人谋利益的独立的运动。"[①]这一论断揭示了无产阶级政党以维护绝大多数人的利益为宗旨,为实现社会的公平正义而奋斗的历史使命。另一方面,马克思主义经典作家的共享发展思想体现为人人共享社会发展成果。马克思主义学说追求的是每个人自由而全面的发展,每个个体的成果共享和自由发展是社会发展的终极价值,同时,"社会也是由人生产的。活动和享受,无论就其内容或就其存在方式来说,都是社会的活动和社会的享受"[②]。社会成员的个体发展与社会的共同发展相互促进,共享社会发展成果是实现社会公平正义的必要要求,科学社会主义就是解放全人类为无产阶级和广大劳苦大众谋利益,在最大的范围内真正实现社会主体共享社会发展成果。

中国共产党人的共享发展思想是共享发展理念的直接理论来源。中国共产党作为以马克思主义为指导思想的先进政党,始终秉持着为中国人民谋幸福、为中华民族谋复兴的初心和使命砥砺前行,不断满足人民对美好生活的向往与期待,领导着人民群众取得了经济快速发展的奇迹和社会长期稳定的奇迹。共享发展理念是中国共产党人吸收马克思主义经典作家共享发展思想的理论成果,是新发展理念的重要组成部分之一,"共享是中国特色社会主义的本质要求"[③],体现了社会主义本质和社会主义制度优越性,彰

---

① 《马克思恩格斯选集》(第一卷),北京:人民出版社2012年版,第411页。
② 《马克思恩格斯文集》(第一卷),北京:人民出版社2009年版,第187页。
③ 《中共中央关于制定国民经济和社会发展第十三个五年规划的建议》,北京:人民出版社2015年版,第9页。

显了中国特色社会主义社会逐步走向共同富裕的根本追求。以毛泽东同志为主要代表的中国共产党人以维护人民群众利益为出发点,追求社会发展成果平等惠及全体社会成员,突出强调社会主体对资源分配的公平性,强调共享的社会正义价值就是实现社会公平正义。改革开放以来,以邓小平同志为主要代表的中国共产党人在总结社会主义建设经验的基础上加强了对公平与效率的认识,始终高举共同富裕的旗帜,把共同富裕确立为社会主义的本质特征,共享发展就是缩小收入差距和贫富分化,进而实现共同富裕。共同富裕不仅彰显了社会主义制度的优越性,逐步消除社会生产和社会分配的差异性,体现了改革发展成果惠及全体社会成员。

2015年10月,党的十八届五中全会正式提出破解发展难题必须树立创新、协调、绿色、开放、共享的新发展理念,新发展理念是党的十八大以来以习近平同志为核心的党中央对国内外特别是改革开放以来我国经济社会发展经验的新总结,是中国共产党人长期社会主义建设探索的最新理论成果。党的十九大报告强调,坚持和发展中国特色社会主义的基本方略是坚定不移地贯彻新发展理念,发展是解决我国一切问题的基础和关键,共享发展是新发展理念的出发点和落脚点,是新时代我国发展理论与实践的重要指针与理念先导,是实现社会主义公平正义的根本要求。习近平总书记提出的共享发展理念为解决当前中国经济新常态问题提供了有效方法,不断提高发展成果共享的普惠性和公平性,有助于加快建设现代化经济体系和国内国际双循环相互促进的新发展格局,是马克思主义中国化的新篇章。

(二)共享发展理念的内涵

坚持共享发展是马克思主义政党同其他政党的根本标识。共享发展理念涵盖"全民共享""全面共享""共建共享""渐进共享"①四个层面的理论与实践要求。

第一，共享发展是全民共享。共享发展是人人享有、各得其所，不是少数人共享、一部分人共享。正如习近平总书记所指出："让广大人民群众共享改革发展成果，是社会主义的本质要求，是社会主义制度优越性的集中体现，是我们党坚持全心全意为人民服务根本宗旨的重要体现……绝不能出现'富者累巨万，而贫者食糟糠'的现象。"②这一重要论述强调的是社会公平和正义，要求在经济发展的同时，确保所有人都能够享受到发展带来的好处。

第二，共享发展是全面共享。马克思主义经典作家设想未来的共产主义社会是全面发展的社会，人民是社会发展利益的最终受益者，人民受益程度是衡量发展绩效的根本尺度，每个人都可以共享社会全面发展的成果。就其内涵而言，全面共享是指在一定社会经济条件下，社会资源能够公平合理地分配，让人民共享国家经济、政治、文化、社会、生态等各方面建设成果，全面保障人民在各方面的合法权益，推动社会全面进步和人的全面发展。

第三，共享发展是共建共享。这是就共享的实现途径而言，共建才能共享，共建的过程也是共享的过程。人民是决定党和国家前途命运的根本力量，是创造社会价值的主体，群众队伍里蕴藏着创造历史改造中国的实践伟力，中国式现代化建设各行各业、各领域工作的部署和开展要最大限度激发广大人民群众的创造活力，广泛汇聚民智，最大激发民力，形成人人参与、人人尽力、人人享有的生动局面。

第四，共享发展是渐进共享。实现共享发展不能一蹴而就、径情直遂，

---

①　《习近平著作选读》（第一卷），北京：人民出版社 2023 年版，第 440 页。

②　《习近平谈治国理政》（第二卷），北京：外文出版社 2017 年版，第 200 页。

必将有一个从低级到高级、从不均衡到均衡的过程,即使达到很高的水平也会有所差别。为此发展要坚持实事求是,立足中国国情和经济社会发展水平科学设计共享政策,既不裹足不前,也不好高骛远,稳步推进共享发展。

(三)共享发展理念的意义

共享发展理念要求在发展中注重人的全面发展,体现了对实现社会公平正义的追求,对于推动中国特色社会主义事业具有重要意义。

第一,共享发展为实现社会公平正义科学谋划。共享发展坚持以共同富裕为奋斗目标以达到社会效益和经济效益相统一,推进人民群众共享更高水平的经济效益、更完善的社会体制、更先进的教育资源,历经两千多年封建历史的中华民族遭受沉重的封建压迫渴望实现社会公平正义,实现社会的共享发展和公平正义是一个历史渐进的长期过程,需要中国共产党带领人民群众进行不懈奋斗。当前我国社会正处于转型期,不同的社会个体、民族和国家在发展程度和发展阶段上存在着差异性和多样性,由于个体在智力、体力、劳动生产率等各方面因素的不同,必然会导致个体在社会分工、收入分配及个人财产上的适度差异,根据不同地区地理环境和人口素质的差异使得不同地区存在不同的发展模式,导致我国在推进社会主义现代化建设中出现大发展不平衡和不协调问题。共享发展理念追求的不是平均主义数量上的绝对均等,而是在提升人民群众共同致富能力基础上确保广大人民群众共享社会发展成果,更加符合中国人民的共同梦想和不懈追求,人民对社会保障、公共服务等在内的多领域也有了更高品质更美好的生活需求。

党的十九大报告明确强调,中国特色社会主义进入新时代,这个新时代是全国各族人民团结奋斗、不断创造美好生活、逐步实现共同富裕的时代。

党的十九届五中全会向着更远的目标谋划共同富裕,提出了"全体人民共同富裕取得更为明显的实质性进展"的目标。共同富裕本身就是社会主义现代化的一个重要目标,是实现社会公平正义的核心要义。我们要始终把满足人民对美好生活的新期待作为发展的出发点和落脚点,在实现现代化过程中不断地、逐步地解决好这个问题。要自觉主动解决地区差距、城乡差距、收入差距等问题,坚持在发展中保障和改善民生,统筹做好就业、收入分配、教育、社保、医疗、住房、养老、扶幼等各方面工作,更加注重向农村、基层、欠发达地区倾斜,向困难群众倾斜,促进社会公平正义,让发展成果更多更公平惠及全体人民。促进全体人民共同富裕是一项长期任务,也是一项现实任务,必须摆在更加重要的位置,脚踏实地,久久为功,向着这个目标作出更加积极有为的努力。因此,中国共产党团结带领人民群众必须通过从低级到高级、从不均衡到均衡的共享发展,加强党领导下的城乡治理带动城乡居民就业增收,推进农业供给侧结构性改革的同时增强农业农村发展新动能,缩小城乡区域发展差距进而实现社会的公平正义。

第二,共享发展为中国式现代化指明方向。共享发展作为中国式现代化的重要理念,包括全民共享、全面共享、共建共享、渐进共享等理论意涵,为中国式现代化指明了方向。一是全民共享明确发展旨归。全民共享明确中国式现代化建设的共享主体是全体人民,不是少数人的共享。中国共产党一经成立,就将为绝大多数人谋利益确立为自己的奋斗目标。党的十八大以来,以习近平同志为核心的党中央把实现全体人民共同富裕摆在治国理政突出位置,充分发挥党的领导和我国社会主义制度的政治优势,采取了许多具有原创性、独特性的重大举措,切实推动共同富裕取得实质性进展。二是全面共享锚定发展航向。全面共享就客体而言,主张每个人共享物质财富和精神财富。马克思主义经典作家设想未来的共产主义社会是全面发展的社会,每个人可以共享社会全面发展的成果。全面共享发展理念是中国式现代化建设的重要方向指引,驱动中国式现代化统筹推进经济、政治、文化、社会、生态等社会各领域现代化。正是在这一理念指导下,中国式现代化实现了由物质文明和精神文明协调发展的"两位一体"发展布局到新时代经济、政治、文化、社会、生态"五位一体"总体布局的历史性跨越,不断满足了人民日益增长的物质文化需要和精神生活需要。党的二十大报告又从经济社会发展各方面擘画了中国式现代化的发展蓝图,为实现全面共享指明了前进方向。三是共建共享激发内生动力。共建是共享的前提,共建才能共享。人民是中国式现代化道路的实践主体,是推进和拓展中国式现代化的能动要素,为中国式现代化的发展注入不竭的人民力量。四是渐进共享明确发展进程。渐进是一个时间概念、程度要求,渐进共享不是"一次性共享"、全民同步共享、全面同层共享,而是长期过程共享、先后层次共享、部分差异共享。渐进共享发展理念引领现代化的价值导向作用主要体现在两方面:一是引领中国式现代化道路建设要坚持渐进式推进,系统谋划每个发展阶段的战略安排。中国式现代化道路虽然在不同阶段存在不同的战略安排,但各个战略安排之间是相互承接、接续发展的内在关系,从而确保了政策的连续性和发展的主动性。二是引领现代化发展要兼顾效率与公平。[①]总之,共享发展理念为中国式现代化指明了清晰的发展方向,推动实现全体人民的共同富裕和社会的全面进步。

第三,共享发展为促进我国经济高质量发展提供理论依据。共享发展是中国特色社会主义的本质要求,既表明我们党执政为民的价值理念,同时又体现了社会发展规律的新要求,实现了党的执政理念与发展规律新认识

---

① 朱宗友、刘凯:《新发展理念:中国式现代化道路的引擎》,《理论与评论》2024年第1期。

的有机统一,必须坚持社会主义共享发展之路。新中国成立70多年来,我国取得了经济快速发展的奇迹和社会长期稳定的奇迹,综合国力、科技实力、国防实力、文化影响力和国际影响力显著提升,我国经济高质量发展某种程度上可以理解为社会资源的共享,有限的资源如果只是被少数人所掌控,就会严重威胁社会的和谐稳定,共享发展就是社会发展成果共享、人民权利保障更加充分、人人得享共同发展。正如马克思和恩格斯所说:"过去的一切运动都是少数人的,或者为少数人谋利益的运动。无产阶级的运动是绝大多数人的,为绝大多数人谋利益的独立的运动。"①改善民生实现发展权利与发展成果人人共享,让每个人都能够享有共享发展的"蛋糕",不仅仅要把"蛋糕"做大做好,更要"分好蛋糕",要从就业、医疗、教育、社会保障等方面加大对低收入家庭的政策性倾斜,提升人民群众的幸福感、安全感和获得感。

人民群众作为社会发展的主体,在实现自身发展的同时也推动社会的发展,任何社会成员都平等地享有经济、政治、文化、生态、民生等方面的基本权利,中国共产党充分尊重人民群众在历史进程和社会发展中的主体地位和根本利益,全心全意为人民的根本利益和发展谋福祉。当前我国统筹发展和安全,加快建设现代化经济体系,加快构建以国内大循环为主体、国内国际双循环相互促进的新发展格局。我国经济社会发展取得决定性成就印证了构建新发展格局的现实基础,也让我们看到了经济的复苏和消费格局的变化,新模式助推传统产业转型升级有效增强了中国经济的韧性与活力。

---

① 《马克思恩格斯选集》(第一卷),北京:人民出版社2012年版,第411页。

第二章
创新发展理念在阜阳的生动实践研究

　　党的十八大以来，以习近平同志为核心的党中央高度重视创新发展理念，把"创新"放在新发展理念的首要地位。党的二十大报告深刻指出："创新才能把握时代、引领时代。"①为贯彻落实创新发展理念，进一步促进阜阳高水平发展，阜阳市委市政府推动深入实施创新驱动发展战略，加大创新投入，构建创新平台，推动了阜阳创新型城市建设，取得了喜人的成就，但也存在一些不足。同时，阜阳市在贯彻落实创新发展理念过程中也有诸多宝贵经验及启示，这些经验启示是开创阜阳市创新发展新境界的行动指南，能够为推动阜阳经济朝着更高质量方向发展提供重要支撑。

一、阜阳市落实创新发展理念的具体做法

　　创新是引领发展的第一动力。在贯彻创新发展理念的过程中，阜阳市

---

　　①　习近平：《高举中国特色社会主义伟大旗帜　为全面建设社会主义现代化国家而团结奋斗——在中国共产党第二十次全国代表大会上的报告》，北京：人民出版社2022年版，第20页。

对于在实现经济高质量发展、转变粗放式经济发展方式及推动传统产业创新发展等方面进行了不懈探索和持续实践。

（一）聚集创新资源，搭建创新平台载体

"栽好梧桐树，引来金凤凰。"创新平台建设有利于聚集创新资源，为开展创新发展提供场地，形成产业的规模效应。阜阳市建设了一批高新技术产业开发区，大批高新技术企业聚集，形成产业集群聚群发展。其中界首市以科技创新为经济社会发展的核心驱动力，以全域创新理念为引领，坚持"开放+创新"路径，推进科技创新与产业发展深度融合、探索创新驱动发展路径中的新路子，有力地支撑了经济社会高质量发展。特别是界首高新区将众多高新技术企业聚集，实现了创新资源的聚集，实现了科技创新成果的转化和产业化。2022年，该高新区战略性新兴产业产值同比增长17.3%，高新技术企业达到152家，吸纳技术合同成交额16.8亿元，授权发明专利352件，引进主导产业领军科技人才15人，[1]这些说明界首高新区已成为阜阳市创新创业的重要载体。此外界首开建了科技企业孵化器，其科技企业孵化器被认定为"国家级科技企业孵化器"。除了产业园区的建设，阜阳市为聚集创新资源，还致力于推进与"大院大所"合作，与高校和科研机构共同构建创新平台和项目建设。在科技创新平台支撑下，创新要素持续向阜阳聚拢，阜阳创新驱动发展取得了积极成效，全市主要创新指标争先进位，综合实力大幅提升，成果转化步伐加快，创新环境不断优化。

---

[1]　王雪洁、祝素丽：《阜阳界首高新区创新驱动发展综合评价全省靠前》，《阜阳日报》2023年10月10日。

界首高新区再次蝉联全省开发区综合实力排名前列①

近年来,界首市坚持"市委即科创委、城市即科创城、界首即高新区"的全域创新理念,着力构建"科技创新、产业创新、开放创新和制度创新"四位一体的县域创新体系,有效破解欠发达县域缺科技创新资源、缺重大产业基础、缺科技人才优势、缺科技金融支撑的发展难题,先后获批国家首批创新型县(市)、国家知识产权示范城市,连续上榜"中国创新百强县"。

以企业为中心,健全科技创新生态。一是搭建创新平台。鼓励引导企业实施"五个一"机制,即一个研发机构、一个研发团队、一定的研发投入、一个以上的在研项目、一个以上产学研合作单位,目前全市拥有省级以上创新平台126家。二是加快主体培育。完善"科技型中小企业—高新技术企业—科技领军企业"梯度培育机制,制定《界首市科技型企业梯次培育十条政策》,实现科技型企业发展全过程的差异化服务和支持。目前拥有高企152家、科技型中小企业162家、专精特新小巨人企业13家,规上工业企业达到244家。三是强化人才支撑。成立院士专家服务中心,聘请10位院士担任科技发展顾问,先后引进14家高层次人才团队创业,拥有国家级创新创业人才2人,省级战略性新兴产业技术领军人才24人,累计建成8家院士科研机构和15家博士后工作站。四是助力金融赋能。初步建成"投、担、贷、保、补"五驱联动的科技金融体系,设立5亿元产业引导基金。成立安徽省首家科技担保公司分公司,为科技型企业提供科技担保金额4.3亿元。在阜阳市率先开展"人才贷"业务,累计发放1.05亿元纯信用贷款。五是优化政策制定。健全完善"1+X+Y"科技政策体系,让企业积极参与涉企政策制定,出台《界首

---

① 界首市融媒体中心:《界首市构建"四位一体"县域创新体系 探索欠发达县域创新发展新路径》,https://jieshounews.cn/display.php?id=65712。

市科技创新资助奖励三十条政策》等创新扶持政策,每年兑现企业科技创新奖励资金近3000万元,"创新无处不在,创新人人可为"的氛围初步形成。

以竞争力为核心,提高产业创新能力。一是提速延链补链强链。深入实施战略性新兴产业规模三年倍增行动,紧密对接高新技术产业全产业链发展需求,突出抓好电池综合循环利用等13条产业链,以科技创新"基因"激活发展新动能,推动产业链、供应链、创新链、资本链、人才链、政策链"多链协同"。二是推动产业转型升级。大力支持企业申报揭榜挂帅、重点研发等上级科技项目,依靠技术创新驱动,推动再生资源循环利用产业、传统纺织业等加快提档升级。积极落实研发费用加计扣除优惠政策,连续4年减免额度超2亿元,鼓励企业加大研发投入,不断向价值链中高端发展。如界首市天鸿新材料股份有限公司自主研发的锂电池隔膜,科技含量处于行业领先地位。三是打造企业特色品牌。坚持创新驱动和市场带动,深入实施"专精特新"中小企业培育工程,支持企业专注并深耕产业链一个环节或一项产品,在产业细分领域精耕细作,让一大批中小企业快速成长为创新能力强、特色突出,在国内细分市场占有优势地位的"配套专家"。如界首市欧思润体育用品有限公司生产的3000多种仿生渔具产品,占据全国行业市场的"半壁江山"。四是做优现代产业集群。实施优势产业壮大行动,持续塑造产业品牌,在推动资源循环利用支柱产业提质扩量增效基础上,大力发展六大新兴产业,重点抓好新能源汽车配套产业,成功创建国家高新(火炬)产业基地4家,基本实现主导产业国家级产业平台全覆盖。

以共享共赢为理念,探索开放创新路径。一是以"有为政府"搭建沟通桥梁。举办院士专家界首行、绿色工业过程国际峰会,富硒、纺织新材料、铝产业创新峰会等一系列活动,邀请院士及顶尖专家齐聚界首,话创新、聊发展、绘蓝图、谈协作,打通政校企合作新通道。如吉祥三宝高科纺织有限公司，通过政府举办的院士专家界首行活动与俞建勇院士团队结缘，在三宝设立院士工作站，引进了包括院士专家、博导、高工在内的高层次人才团队，团队研发生产的仿鹅绒结构高保暖絮片被列入国家重点研发计划"科技冬奥"重点专项，填补了国内空白。二是以"有效市场"促进互利共赢。全面开展"五个遍访"，即组织企业遍访与界首产业相关的国家级科研机构、重点产业投资机构、各行业内知名企业家、国家级行业协会、全市"五上"企业，对接外部高端资源。三是以"有用资源"厚植创新土壤。以科技人才、科技平台、科技金融等创新要素集聚为核心，精准开展"双招双引"，推动引资引技引智相结合，破解只见项目不见产业的误区，实现招人才招产业，积极打造长三角承接产业转移集聚区。坚持政产学研协同创新路径，建成上海东部技术转移中心界首分中心，实现技术交易合同额超80亿元。

以深化改革为动力，加大制度创新力度。一是整合组织架构。创新构建"124"组织体系，即一委、两局、四中心。"一委"，即市委科创委，集中力量顶格协调解决"谁来统筹创新"的问题。"两局"，即科技局和高新区科技人才局，解决"谁来服务创新"的问题。"四中心"，即人才服务中心、院士专家服务中心、科技成果转化中心、离岸科创中心相互协作，解决"谁来推进创新"的问题。二是拓展发展空间。构建以1个科创城赋能5个科技园、5个科技园辐射9个双创园的"159"产业格局，拓宽产业发展空间。探索高新区法定机构改革，剥离社会管理等无关职能，推动77项市级经济管理权限下放，让园区心无旁骛抓创新抓产业。深化"管委会+公司"改革，成立融城集团等实体化平台公司，积极引入资本的力量和专业的团队，提升园区专业服务水平。三是创新运行机制。让被考核单位自行设立指标体系，没有百分制，只有累加值，不设基础分，使考核结果更科学直观。牢树"三个倾斜"用人导向，近几年新提拔晋升的干部中，近一半来自创新领域。

界首市全力构建"四位一体"县域创新体系,实现"科创+产业"融合发展,成功走出了一条以科技创新为核心的全新发展道路。一是科技创新底色不断擦亮。2022年,界首市科技创新资金支出达到2.48亿元,研发投入占GDP的2.61%,位居皖北第一,全省领先。有效发明专利拥有量1880件,万人有效发明专利授权量27.97件,是全省的1.26倍、阜阳市的3.68倍。二是高质量发展态势不断凸显。工业经济重返全省10强,县域经济多年位居全省前列;连续五年跻身全省制造业发展综合10强县(市),连续5年入围全省制造业发展增速10快县(市);连续五年进入全国投资潜力百强县十强行列。三是人民生活水平不断提高。2019年界首市率先在阜阳实现高质量脱贫摘帽,2022年全年居民人均可支配收入达28713元,同比增长5.9%,位居阜阳五县之首,民生福祉持续改善,人民群众获得感和满意度不断提升。

(二)培育创新主体,提高创新能力

"科学技术是人类的伟大创造性活动。一切科技创新活动都是人做出来的。"[①]由于各方面原因,阜阳市面临高新技术人才不足的局面。高科技人才的不足直接导致阜阳市创新动能的不足,为解决这一问题,阜阳市开展了系列活动,出台了众多政策努力解决高新技术人才不足的难题。例如,自2008年以来,阜阳市连续16年开展"接您回家"活动,并不断迭代升级,实现了从最初的接新产业工人回家变成接投资者回家创业、接技能人员回家兴业、接务工人员回家就业"三接三业",目前"接您回家"活动已然成为阜阳首创、辐射全省、影响全国的品牌活动,大批返乡人员凭借新理念、新技术,踊跃创新创业,直接带动知识、技术、资本、人才等生产要素加速回流,返乡群

---

① 《习近平著作选读》(第一卷),北京:人民出版社2023年版,第498页。

体正成为推进现代化美好阜阳建设的主力军。阜阳还出台实施了"颍淮英才计划""颍淮学子创业就业计划"等招揽保障人才的政策,以扩宽人才来源地,充分开发利用阜阳市内和阜阳市外的人才资源。同时加大资助力度和福利保障,完善机制改革,予以薪金补助,吸引高端人才、大学生、科技和创新人才。阜阳市也积极推进与中国科学技术大学、中国科学院合肥物质研究院、复旦大学、南京农业大学、江南大学、阜阳师范大学等产学研的深入合作,共建新型研发机构,加强与国内外著名科研院所和高校的合作,引进了一批高端人才,培养了阜阳自主创新能力。"2023年建成院士工作站6家、博士后科研工作站41家,引进高层次人才及团队200个,吸引留阜来阜创业就业高校毕业生4.3万人,激发了创新发展活力。"①

此外,阜阳市政协围绕中心、服务大局,主动履职担当,把阜阳之友联谊会作为联络各地"阜阳关注和关心阜阳"的各界英才的重要渠道,积极延伸"感情线"、拓宽"朋友圈"、扩大"人才库",全力服务"双招双引",促进了一批优质项目和优秀人才奔"阜"而来、落"阜"成家。阜阳之友联谊会还积极配合相关部门组织实施"高层次人才储备""城市合伙人"计划,加强对金融理论研究人才、高端管理人才及专业技术人才和团队的引进,为企业解决人才引进难题。目前已有5位院士、37位知名专家、36位教授担任联谊会各地理事会顾问,上海交通大学、西安交通大学、浙江大学、苏州大学、华中科技大学等30余家高校的有关专家学者成为联谊会会员,促进了阜阳创新发展。

2021年以来,阜阳技师学院紧紧围绕阜阳市委提出的"地方性、应用型、开放式"的办学目标,大力深化产教融合、校企合作,在全国职业院校率先探索出"校长围绕厂长转、专业围绕产业转、教学围绕生产转"和"学校像工厂、

---

① 韩震震、陶涛:《全国人大代表、阜阳市委书记刘玉杰:奋楫争先,勇当皖北全面振兴排头兵》,人民网,http://ah.people.com.cn/n2/2024/0310/c227131-40770689.html。

教室像车间、老师像师傅、学生像徒弟"的"三转四像"办学模式,促进了产业、专业、就业"三业"联通和教育链、人才链、产业链、创新链"四链"融合,走出了一条现代职业教育特色办学道路,为现代化美好阜阳建设培养了大量创新人才。

(三)加强农业科技创新,推进农业现代化

阜阳市在农业科技创新方面采取了多项措施,这些措施不仅涵盖了传统农业的现代化改造,还包括了对现代设施农业的创新引领。一是政策支持和奖补措施。阜阳市通过制定相关政策,支持农业科技创新和科技服务体系建设。例如,市级对农业科技园区和农作物新品种给予奖补,以促进农业科技创新和成果转化应用。二是项目推动。阜阳市积极争取中央和省级重大科技创新项目,并加大市级科技项目立项支持力度。这些项目涵盖了农业领域的多个方面,包括动植物新品种、农业科技园区等。三是平台建设。阜阳市充分发挥龙头企业和高校院所的优势,围绕农业特色产业领域,加强农业科技创新平台建设。例如薄荷工程研究中心、淀粉加工工程技术研究中心、甘碧工程技术研究中心等5个省级工程技术研究中心。四是人才和科技服务体系建设。阜阳市通过人才下沉、科技下乡等方式,发挥科技特派员的桥梁和纽带作用,促进先进适用技术在乡村的示范推广。例如,选派科技特派员到贫困村提供科技服务,兑现工作站奖补资金。五是农业信息化建设。阜阳市积极推进农业信息化建设,创新农产品流通方式。例如,建立农业物联网研究院,实现农业信息互联网全覆盖,发展农业物联网和农产品电子商务。六是创新现代设施农业。阜阳市在现代设施农业方面取得了显著成就,成为安徽省唯一入选全国现代设施农业创新引领区的地级市。通过现代设施种植业、现代设施养殖业、现代冷链物流等方式,阜阳市稳步提升绿色蔬果和优质畜禽产能,深化了农业结构调整。这些措施和成就共同推动了阜阳市农业科技创新的发展,为乡村振兴和农业农村现代化提供了坚实的科技支撑。

（四）加强招商引资,实现对接合作

阜阳市在加强招商引资方面采取了多项创新措施,以推动地方经济发展和产业升级。一是强化组织领导。阜阳市坚持招商引资"一把手"负责制,要求各级党委、政府主要负责同志对本地区招商引资工作负总责,亲自安排部署招商引资工作,并建立领导干部定期外出招商制度。二是重点产业招商。阜阳市重点关注电子信息及光电显示产业、装备制造和新能源汽车产业、新能源和节能环保产业等十大特色产业。这些产业在签约数量和金额上都占据领先地位,其中新能源和节能环保产业签约金额最高。三是基金群招商。阜阳市积极探索基金招商模式,通过与多家基金组织合作,成功吸引了一批高质量的投资项目。例如,颍泉区与深圳辰峰资本合作,引进了半导体生产设备项目,预计将填补国内技术空白。四是产业链招商。阜阳市围绕十大特色产业,突出抓好产业链招商,以商招商,强化产业导入。这种模式有效促进了产业与资本的深度融合,为高质量发展注入强劲动力。五是建立重点项目要素保障"星期六会商"机制,"商"出项目建设加速度。2022年以来,阜阳市创新项目要素保障战法打法,在安徽省率先建立"星期六会商"制度,通过市、县每周六分头召开会商会议,集中领导、集中部门、集中时间,高效解决项目"人地钱、水电气、能评安评环评"等要素保障问题,让越来越多企业感受到了阜阳"雪中送炭"的温暖、"雨中打伞"的贴心。这极大鼓舞了企业实施项目的信心,在一棒接着一棒的接力"会商"中,不仅"商"出了办法、"商"出了信心,更是"商"出了项目建设的好成绩。通过这些创新措施,阜阳市在招商引资方面取得了显著成效,为地方经济发展注入了新的活力。

二、阜阳市落实创新发展理念取得的成效与存在的问题

在阜阳市近年来对创新发展理念持之以恒的探索与坚持不懈的实践中,阜阳市创新发展取得了显著成效,"成果聚集转化的区域性科技强市、英才荟萃的区域性人才强市"[①]建设不断推进,但由于一些原因,阜阳市在落实创新发展理念方面还存在一些问题。

(一)取得的成效

1.创新型城市建设成效显著

2018年,安徽省出台《建设安徽省级创新型城市工作指引》明确全面启动省级创新型城市创建工作。当年6月,阜阳市即启动省级创新型城市建设工作。启动大会上,时任省科技厅厅长罗平表示,安徽省出台《建设安徽省级创新型城市工作指引》后,阜阳市反应最快,在全省率先启动这项工作。几年来,阜阳市以建设省级创新型城市为抓手,大力实施创新驱动发展战略,落实创新政策、集聚创新要素、转化科技成果、培育创新企业、建设创新载体、激励创新人才、完善创新服务,取得一系列显著成效。

第一,创新型城市建设研究经费投入大幅提升,创新成果丰硕。"十三五"前四年,全市全社会研发投入年均增长33%,其中2017年和2018年连续两年居全省第1位;累计实现科技重大专项2632项、专利申请授权量15298

---

① 《刘玉杰:加快建设"三地一区""十个区域性强市"》,新华网,http://ah.news.cn/20240313/024bbd29a99a45a6bd48865ba69f7bc8/c.html。

件、技术市场成交项目257项,分别是整个"十二五"时期的6.4倍、1.9倍和2.2倍;每万人口发明专利拥有量提高到4.6件,是2015年的3倍,省级以上研发平台由2015年的87家增加到2022年的237家。2022年,全市吸纳技术合同成交额186.06亿元,登记科技成果2076项,均居全省第5位。[①]2022年全社会研发经费投入增长17.3%。高新技术企业达到730家,高新技术产业增加值增长13.6%、占规上工业的34.9%。国家级、省级专精特新企业分别达到24家、305家,备案科技型中小企业1407家、位居全省第4。[②]在雄厚科研资金的有效支撑下,创新科技成果层出不穷。市级以上重大科技成果由2015年的16项增长到2022年的2076项,专利申请授权量2022年提升到7089件。[③]其中界首市通过贯彻落实创新驱动发展理念,大力发展高新技术企业,不断完善创新机制,上榜"中国创新百强县"榜单。

第二,科技教育人才质量提升,创新创造动能日益增强。截至2023年,阜阳市高水平筹建安徽(阜阳)高等研究院,推动与中国科学技术大学、华中科技大学、华东理工大学、东华大学、合工大等高校合作,上报首批联合科研与人才培养项目。阜阳师范大学高峰学科获省级立项,阜阳理工学院正式获教育部批准。阜阳技师学院在第二届全国职业技能大赛上获得1金2银、实现阜阳市金牌"零突破",阜阳职业技术学院在国际技能大赛上获得优异成绩,中职学校优质校(A类)数量全省第一,阜阳幼儿师专、工业经济学校等新校区加快建设。全社会研发经费投入增长17.3%。高新技术企业达到730

---

① 《阜阳市破除堵点加速科技成果转化落地》,安徽省科学技术厅网,https://kjt.ah.gov.cn/kjzx/jckj/121498221.html。

② 《阜阳市2024年政府工作报告》,阜阳市人民政府网,https://www.fy.gov.cn/openness/detail/content/65c42acd88668888468b456a.html。

③ 阜阳市统计局、国家统计局阜阳调查队编:《阜阳统计年鉴(2023)》,阜阳市人民政府网,https://tjj.fy.gov.cn/content/detail/65767c0b8866887d658b4569.html。

家,高新技术产业增加值增长13.6%、占规上工业的34.9%。国家级、省级专精特新企业分别达到24家、305家,备案科技型中小企业1407家、位居全省第4。省级以上研发平台发展到300家、位居全省第5,与中国科学技术大学、中国科学院合肥物质研究院、复旦大学、南京农业大学、江南大学等产学研合作深入推进,吉祥纺织工程先进技术研究院入选省首批高水平新型研发机构。常态化开展"一接两行",引进急需紧缺人才627名,吸引留阜来阜高校毕业生4.3万人。贝克制药、天鸿新材料省院士工作站获批备案,柔性引进高层次人才及团队200个。博士后科研工作站发展到41家,位居皖北第1。①

第三,产业创新取得显著成效。阜阳市"产业发展五年行动计划、产业项目建设年、工业企业'13581'龙头培育工程②扎实推进,'554'产业发展格局③加快构建。2020年战略性新兴产业产值占规上工业比重比2015年提高21.5个百分点,华铂科技成为产值超百亿元企业;获批国家物流枢纽承载城市,培育省级服务业集聚区和示范园区18家。大中型企业实现研发机构全覆盖,贝克制药、天能电池技术中心分别获批国家企业技术中心和分中心,实现国家级创新平台零的突破。全市高新技术企业发展到297家、居全省第7位,增加值占规上工业比重比2015年提高16.2个百分点"④。2023年,阜阳市以工业投资千亿计划支撑制造业"倍增"和二产"提质扩量增效",新增规上工业企业175家、总数达到1613家,工业投资、制造业投资分别增长

---

① 《阜阳市2024年政府工作报告》,阜阳市人民政府网,https://www.fy.gov.cn/openness/detail/content/65c42acd88668888468b456a.html。

② "13581"龙头培育工程是指培育年产值10亿元、30亿元、50亿元、80亿元、100亿元工业企业。

③ "554"产业发展格局即打造五大产业集群、壮大五大特色产业、培育四大高成长性产业。

④ 《实力阜阳现代化美好阜阳建设"十三五"成就巡礼系列新闻发布会之一》,阜阳市人民政府网,http://www.fy.gov.cn/openness/detail/content/5fbe26eb7f8b9a667c8b456e.html。

33.9%、27.4%,位居全省第4、第5。此外还着力构建先进光伏全产业链发展格局,阜兴科技、博雷顿皇氏太阳能、赛颖光伏入选省千百亿"链主"企业培育计划,数量位居皖北第1,全国最大规模钙钛矿组群项目签约落地,投产、在建和签约落地N+型太阳能硅片20GW、TOPCon电池35GW、组件31.5GW。大力发展新型储能,石墨烯铅酸电池产能全国最大,海鹏钠离子电池、鑫纪源锂资源循环利用、维晶新材料锂电池循环利用等项目加快推进,人民控股储能PARK、鲁控废旧锂电池回收及综合利用等项目开工建设,投产、在建和签约落地锂电池24GWh、钠离子电池25GWh。统筹推进新能源汽车整车、零部件、后市场"三位一体"发展,产业链规上限上企业253家,新能源汽车保有量6.28万辆、位居全省第2,建成充换电设施4.2万个以上,江淮汽车10万台中重卡技改项目基本建成,比亚迪、立讯精密、森萍等企业项目加快推进,搭载阜阳海钠钠离子圆柱电芯全球首款钠电池车批量交付,成功举办新能源汽车全生命周期绿色发展大会。80家"13581"龙头企业产值增长10.6%,昊源化工连续上榜中国制造业民营企业500强,欣奕华入选中国新经济领域独角兽公司榜单,纽龙船舶全球最大缸径柴油机气缸套国内首制件下线,翔胜科技片式芯片电阻出货量位居全国第2,金泰光机电130英寸液晶显示屏生产线投产,福方高科氨基葡萄糖发酵项目填补全省氨糖行业空白。①这些龙头企业和大项目,持续刷新着外界对阜阳的印象,也不断壮大着阜阳的先进制造业集群,加快形成新质生产力,成为建设现代化美好阜阳的坚实物质根基。

第四,创新环境持续优化。为了更好地进行科技创新,加快建设创新型城市,阜阳市出台了许多扶持创新创业发展的政策,包括针对引进创新型人

---

① 《阜阳市2024年政府工作报告》,阜阳市人民政府网,https://www.fy.gov.cn/openness/detail/content/65c42acd88668888468b456a.html。

才的奖励扶持政策。其中减税降费政策的实施,极大激发了创新活力和企业自主创新能力。随着第五代移动通信(5G)网络的建设,5G将全覆盖阜阳市,阜阳信息化建设的有效推进,进一步营造更加宽松的创新创业氛围,有利于推动阜阳创新型城市建设。

2.农业现代化建设成效显著

践行创新发展理念,推进了阜阳农业现代化进程,转变了传统农业单一的发展方式,改善了农产品的供给结构,推进了农业与现代化产业的融合发展,阜阳的绿色优质特色农产品生产基地建设及品牌建设得到大力开展,现代农业产业园建设有序推进,农业产业朝着现代化、规模化、集约化方向发展。农业产业的发展还与现代电子科学技术融合发展,形成一系列的产业链。对于农产品与互联网技术的结合,政府也出台了对农产品电子商务给予奖励补助的政策,全力推进"互联网"与农业产业的合作,加快农业现代化发展。据统计,2023年,"农村产品网销额125亿元,增长22%"①。农业产业与互联网技术的结合是创新发展理念在农业上的应用,由其带来的效益显著,推动了农业现代化发展。

3.新业态蓬勃发展

大数据时代下,电子科学技术广泛应用于各个行业发展,经济发展方式也由互联网带来了高质量创新发展,一系列新业态也应运而生,一些线上线下融入、跨境微商电商、物流快递等新业态得到蓬勃发展。"互联网+"模式还渗透到工业、农业的生产发展,为工业、农业的发展提供了创新性发展,实现了科技成果的转化。此外,还有一系列的"工业+"和"农业+"产业链条延伸体系,例如工业、农业和旅游行业结合的发展模式。打造建设休闲农业小

---

① 《阜阳市2024年政府工作报告》,阜阳市人民政府网,https://www.fy.gov.cn/openness/detail/content/65c42acd88668888468b456a.html。

镇,比如将花卉产业与旅游业结合发展,力图打造阜南地城荷花小镇、天际温泉小镇等花卉旅游景区建设,以及将工业旅游区打造成国家级风景区等新型发展模式,诸如管仲酒业工业旅游区。

安徽省阜阳市持续深化创新型城市建设①

一是主要创新指标稳步提升。阜阳市围绕争创国家创新型城市、打造全省具有重要影响力的科技成果转化聚集地目标,持续深化创建成果,全社会研发投入总量和强度保持稳定增长,增幅均明显高于全省平均水平。截至2022年底,全市高新技术企业总数达608家、备案科技型中小企业899家、每万人口发明专利拥有量达到8.1件,分别比2020年底增长62.5%、95%、42%。

二是创新活力不断增强。鼓励各县(市)区积极探索特色鲜明的创新发展道路,界首国家创新型县(市)顺利通过验收,太和、阜南、颍上获批创建省级创新型县(市)。界首高新区铝基复合材料创新型产业集群获批国家创新型产业集群试点,实现了阜阳市在这一领域零的突破。推进各类园区高质量发展,界首高新区、阜合园区跻身省综合考评"30强",农业科技园区实现县域全覆盖。

三是创新平台扩容升级。阜兴新能源、新型钠离子电池等产业研究院加快建设,南京农业大学大豆科研育种示范基地落户临泉,安徽省小麦抗赤霉病研究院加快组建,阜阳复旦创新科技园等一批校地合作重大创新平台相继落地并投入运行。抢抓省创新平台重塑机遇,获认定首批安徽省联合共建学科重点实验室4家,省级以上创新平台累计已达254家、比2020年增长34.4%。规模以上工业企业中有研发机构的达34.6%,居全省第5位,高出

---

① 安徽省科技厅:《安徽省阜阳市持续深化创新型城市建设》,安徽省科学技术厅网,https://www.most.gov.cn/dfkj/ah/zxdt/202305/t20230526_186311.html。

全省4.3个百分点。

四是科技成果加速转化。加强顶层谋划,加快推进全省具有重要影响力的科技成果转化聚集地建设。高位推动阜阳创新馆加快建设,界首高新区获批安徽省首批科技成果产业化基地,吉祥三宝高科纺织有限公司获批安徽省首批科技成果转化中试基地,其推进科技成果转化应用模式获省政府推广。近两年来,共争取和组织实施科技攻关项目60项,11个项目获得省科学技术奖。截至2023年3月底,全市共吸纳技术合同成交额344.78亿元、输出技术合同成交额130.94亿元、登记科技成果4349项,均超过"十三五"时期累计数。

(二)存在的问题

第一,区位相对劣势影响创新发展。阜阳作为发展中地区,其地理位置和交通条件相对于发达地区有所不足,地理位置的优势不足和交通的不够便捷使企业与发达地区进行对接合作存在一定难度,吸引外来高新技术企业投资与合作的动力也有所不足,难以聚集大量高端的创新要素。这一劣势不能在短期内迅速解决,只能在日后的发展中逐步解决,或是发挥阜阳创新发展过程中拥有的其他优势来补其短板。

第二,人才相对缺乏限制科技创新水平。"人是生产力发展中最活跃的因素,因而人力资源是社会生产力发展的重要推动力量。"[①]由于地理位置的相对偏僻和交通的不够便捷,高科技人才吸引力有限,而阜阳的高校院所又有限,这就导致阜阳创新发展所需的高水平科技创新人才存在不足,交通和地理位置又制约了高端人才到阜阳谋职创业,跨区域的交流合作也受到影

---

① 朱宗友、朱振辉、李全文等:《新发展理念在安徽的生动实践研究》,天津:天津人民出版社2020年版,第23页。

响。人才的不足及人才流动性不高,导致创新主体不足,企业自主创新能力不足,难以激发创新活力。

第三,产业基础薄弱,产业转型升级较为滞后。由于工业历史较之发达地区来说较为短暂,创新资源有待完善,起初政府政策的支持力度不够,致使阜阳的产业基础相对于发达地区较为薄弱,基础设施也不够完善,城镇化水平滞后于发达地区,产业结构也不够合理。所以首先面临的难题便是产业基础问题,特别是"新型工业化发展不足,缺少支柱产业、头部企业,先进制造业规模偏小,开发园区效益不高,实际利用外资规模较小"①。其次就面临阜阳传统产业亟待转型升级这一难题,产业原来粗放的发展方式需要朝着集约化发展方向转变,产业结构层次也需要优化调整。不破不立,只有加以调整转变,才能更好地进行创新,原地踏步不仅收效低微还会滋生许多问题甚至濒临破产。

第四,产业分布比较分散,合作水平不够高。产业之间的交流合作与竞争有助于提高产业的创新发展,也有利于创新要素的凝聚。"单丝不成线,独木不成林",产业间唯有合作才能共赢,方能实现突破创新。而阜阳市企业间进行交流与合作的平台及产业园区都亟待增多,原有的产业园区之间的合作也需要加强,产业集群效益还没形成。产业聚集有待加强,不仅是市内还有与市外产业的对接合作都需要加强,特别是与合肥、长三角等地区的企业及产业园区之间的交流合作仍然需要加强。

第五,创新创业的氛围不够浓厚。阜阳不比发达地区,整个城市的创新创业氛围不够浓厚,政府为个人及企业提供的创新创业政策服务力度有待加强,市民关于创新的思想观念相较于发达地区略显不足,自主创新意识也

---

① 《阜阳市2024年政府工作报告》,阜阳市人民政府网,https://www.fy.gov.cn/openness/detail/content/65c42acd88668888468b456a.html。

有待提高。所以政府需针对创新创业出台系列政策，以鼓励"大众创业、万众创新"，努力增强人们的自主创新意识，鼓励人们进行创新，从而激发创新发展的内生动力，这些问题需要阜阳市在日后落实创新发展理念的措施举措中有针对性地解决。

三、阜阳市落实创新发展理念的经验启示

习近平指出："我们看世界，不能被乱花迷眼，也不能被浮云遮眼，而要端起历史规律的望远镜去细心观望。"①阜阳在落实创新发展理念的过程中，既有成就，也有不足。我们不能痴迷成就、忽视不足，也不能忽视成就、只看不足，而是要端起历史的望远镜细心观望，认真总结发展的宝贵经验，使其更好地服务于阜阳市创新发展事业。

第一，加大创新投入，建设创新型城市。创新是引领社会发展的第一动力，一个国家和民族的经济发展水平与其创新发展水平和经济发展质量有着密切联系。从工业革命、信息技术革命及世界经济中心的转移中，我们不难发现科技、创新在其中起着至关重要的作用。阜阳在创新发展理念的引领下，加大创新投入，积极创新产业发展新模式，将传统产业与电子科学技术有效结合，推动了产业的创新发展，将科学技术应用到农业建设中，有效推进了阜阳城市的创新建设，对阜阳市转变经济发展方式、调整产业结构、实现产业优化升级等具有重要作用，有利于解决由原来的粗放式经济发展方式带来的矛盾和问题，进一步增添人民获得感、幸福感。

第二，聚集创新要素，建设创新平台。由于产业基础薄弱及各种历史和

---

① 《习近平谈治国理政》（第二卷），北京：外文出版社2017年版，第442页。

现实的因素而造成的缺乏创新要素问题,可以通过积极建设创新平台加以解决。阜阳市作为欠发达地区,地理位置偏僻和交通不便等劣势因素,导致产业基础薄弱,创新要素欠缺,所以积极搭建创新平台载体,建设高新技术产业开发区及科技企业孵化器,强化企业之间的联系,形成产业创新发展链条,聚集企业之间的创新要素,实现企业对接合作。深化与各大院所之间的联系,共同研究科技创新,聚集高端要素,将其科研成果投入企业生产,形成产学研合作,成为阜阳现代化建设的核心推动力。此外,阜阳市积极进行跨区域交流合作,学习借鉴市外企业园区的创新发展,引进科技创新技术,交流创新发展经验,与其进行产业对接合作。在阜阳市政府领导的带领下,阜阳积极同合肥、滁州等地区的产业进行交流合作,学习了很多创新发展经验,产业园区之间合作也在有效推进中,双方创新要素、创新智慧的聚集更有利于科技创新、产业创新。阜阳市也积极运用大数据,强化大数据系统建设。随着科技的飞速发展,人类社会逐渐进入大数据时代,大数据在日常生活中扮演着越来越重要的角色。有学者甚至认为"得数据者得天下""数据竞争是企业赢之道"①。因此,有必要继续强化大数据系统建设,深化大数据系统在环境监测、资源布局、数据分析等方面的重要作用,为阜阳创新发展提供坚强支撑。

第三,招揽创新人才,提高创新能力。进行创新发展活动的主体是人,拥有创新意识的也是人,所以创新离不开人的活动,必须招揽人才,提高创新能力。如前所述,阜阳市由于各方面原因对创新人才的吸引力不强,但也为解决这一问题进行了多方面的努力。这启示其他发展中地区首先要继续依据本地实际情况制定适用于本地的人才方针政策,加大对本地区的高校

① 涂子沛:《大数据:正在到来的数据革命》,桂林:广西师范大学出版社2015年版,第294~308页。

的研发经费投入,提高科研创新能力,将其科研成果与产业对接,实施奖励补助,激发创新活力。其次要鼓励迎接外出务工及大学生回家乡就业创业,为引进外来高端人才出台政策,依靠薪金补贴、落户补助、职称评定等福利吸引创新人才。最后要继续加强同大院大所的创新合作,提高自主创新能力。也注意不强留人才,采取柔性挽留人才的方式,报以不求常在但求常来的心态,实现跨区域人才流动。

第四,推进改革创新,激发创新活力。如前所述,阜阳市创新氛围有待提高。所以阜阳市没有因循守旧,而是积极进行改革创新,不断激发创新活力。阜阳市政府为人们提供宽松的创新创业环境,出台鼓励创新创业的政策,鼓励支持民营企业的发展,政府工作机关内部也进行了相应改革创新,建成了为人民服务的服务型政府。阜阳市也积极推动企业进行改革创新,促进企业落实相关责任和义务,鼓励员工进行创新,激发创新创造活力。阜阳市还积极鼓励个人增强创新意识,提高自主创新能力,为"大众创业、万众创新"搭建平台,激发了个人的创新潜能。

总之,阜阳市通过贯彻创新发展理念取得了多方面的发展成效,这是阜阳市广大干部群众团结奋斗、开拓进取的结果。对于创新发展中存在的问题要坚持科学分析、精准施策、对症下药,努力克服发展短板,不断积累发展优势。阜阳市要继续坚持以推动高质量发展为主题,以深化供给侧结构性改革为主线,以改革创新为根本动力,以满足人民日益增长的美好生活需要为根本目的,坚持稳中求进工作总基调,全面开创现代化美好阜阳建设新局面,在奋力加快建设美好安徽上取得新的更大进展,在建设社会主义现代化国家新征程中谱写阜阳新篇章!

第三章
协调发展理念在阜阳的生动实践研究

党的十八大以来,阜阳市坚持贯彻协调发展理念,取得了不俗成绩,但同时也有一些发展难题尚待解决。在全面建设社会主义现代化国家的新征程中,阜阳市更要一以贯之地践行协调发展理念,进一步促进阜阳整体向上发展。

一、阜阳市落实协调发展理念的具体做法

阜阳市以协调经济发展为战略重点,实现了经济发展新跨越,推进阜阳市全面协调发展,进一步提升了阜阳的发展实力与发展水平。

(一)推动精神文明建设高质量发展

在2020年成功创建全国文明城市后,阜阳市不断深化文明创建工作,以"创建永远在路上"的清醒和坚定,聚焦人民群众牵肠挂肚的民生大事,不断加强精神文明建设。一是大力弘扬王家坝精神,加快发展文化事业、文化产

业,促进农文旅一体发展,加快建设淮河风情百里画廊,推动淮河文化、人文景观、地域特色深度融合。

二是依托新时代文明实践中心(所、站),聚合志愿服务力量,通过登门走访、电话联系、网络征集等方式,精准掌握群众需求,培树一大批志愿服务品牌。例如,颍州区建立了"颍火虫""颍姐""七色彩虹""江淮义警"等特色志愿服务队,打造了"初心小课堂""鼓楼声音"等特色服务项目,累计开展活动近4万场次,惠及群众80余万人次;颍上县"村嫂"用进家门、拉家常、帮家务的方式围绕政策法规宣传、村庄环境治理、矛盾纠纷化解等开展文明实践志愿服务;临泉县打造"心理茶馆"并延续服务,定时定点免费为留守儿童、孤寡老人等进行心理疏导。①太和县打造"和小青""和大姐""和事佬""三和"志愿服务品牌,"三和"志愿服务根据当下实际需求,在找准自身擅长的服务领域,明确组织定位,进行精准服务的科学分析下,对其服务领域分类为推介家乡、乡村振兴、文明创建、生态环保、关爱互助、应急突击及大学生综合服务等7类项目,每个项目有其固定的服务队伍和负责人员,并建立了各个项目进行具体实践的工作流程和方法,旨在于服务领域、对象方面更为精准、专业,从而提高服务效率,彰显服务效果。颍泉区惠泉社区居委会从实际出发,结合租房户多、老年居民多、流动人口多的现实情况,充分发挥了其特有的组织优势、资源优势和基础优势,牵头成立了"惠泉奶奶"志愿服务队。队伍组建成功之后,因为人数较多,社区班子继续发挥领导作用,将志愿服务队分成6个小分队,志愿服务的内容涵盖了治安巡逻、文艺表演、调解纠纷、政策宣讲、反映民意、照顾儿童等社区居民日常生活的方方面面。种类多样的志愿服务项目凝聚了文明力量,传递了文明新风,提升了城市文明

---

① 卢瑶:《城有文明气自华——安徽省阜阳市深化全国文明城市创建工作见成效》,《精神文明报》2023年12月22日。

底蕴。

三是加强农村精神文明建设。阜阳市坚持把文明村镇创建作为高质量推进农村精神文明建设的重要着力点,突出思想引领、乡风文明、产业兴旺、生态宜居、治理有效、生活富裕、机制健全等要素,坚持城乡融合、共创共享、全民参与,推动文明创建向农村地区覆盖延伸,农村精神文明建设实现了由表及里、形神兼备的全面提升。

首先以村镇创建为重点,融合发展延伸文明宽度。坚持把文明村镇创建作为高质量推进农村精神文明建设的重要着力点,突出思想引领、乡风文明、产业兴旺、生态宜居、治理有效、生活富裕、机制健全等要素,坚持城乡融合、共创共享、全民参与,全面提升城乡一体化创建水平,推动文明创建向农村地区覆盖延伸。

其次以移风易俗为目标,乡村治理拓展文明广度。充分发挥"一约四会"作用,积分制、清单制等务实管用的治理方式在市域范围内不断完善推广。在具体工作中,由党员干部带头成立红白理事会、道德评议会、村民议事会、禁毒禁赌会,吸纳村中的乡贤,倡导村民破旧俗、树新风;强化村民道德教育,实现群众自我管理、自我监督、自我约束,促进乡风民风向善向好;指导各村根据实际情况制定村规民约及各项章程,通过"软引导"+"硬约束"的方式,鼓励村民移风易俗;完善落实积分制,让爱心超市更具普惠性。

再次以教育引领为方向,强化宣传增添文明厚度。组织开展"党的理论进万家"活动,深入学习宣传贯彻习近平新时代中国特色社会主义思想。坚持以社会主义核心价值观引领农村精神文明建设,推动社会主义核心价值观走进田间地头、融入日常生活。通过墙体彩绘、宣传栏、新媒体等广泛宣传社会主义核心价值观、讲文明树新风、村规民约等。依托报刊、网站等宣传阵地,开设"文明村镇作表率""移风易俗润民心"等专题专栏,持续推广农村移风易俗有效做法。深化"扣好人生第一粒扣子"主题实践活动,开展"新时代好少年"学习宣传。依托乡村学校少年宫和复兴少年宫积极开展道德培训、文体娱乐、劳动实践等活动,给广大农村少年儿童提供学习益智、快乐成长的良好环境条件。

最后以典型选树为抓手,文明风尚标示文明高度。出台《阜阳市深入学习宣传贯彻习近平总书记重要回信精神工作方案》,建立市、县、乡、村四级"横到边、纵到底"的全域好人推选网络,广泛开展阜阳好人(道德模范)、新时代好少年、好婆婆、好媳妇等评选活动,完善礼遇身边好人政策,让好人有好报、善行有善果。[①]以上这些举措推动自治、法治、德治相结合的乡村治理新格局进一步形成,让群众在乡村精神文明中感受到实实在在的获得感和幸福感,一幅宜居宜业、文明和美的乡村新画卷徐徐展开。

(二)完善城镇功能,做强城镇产业

阜阳市坚持做强城镇产业优化商业网点布局,完善城镇商贸服务功能,加快构建覆盖县、乡、村三级农村物流网络体系,致力于打造一批秀水小镇、休闲小镇、产业小镇、创意小镇、历史文化名镇等特色小镇,打造市级"百里泉河生态旅游度假区"。此外还优化村庄布点,深度融合农业和旅游业,建设了一批特色产业示范村。例如阜阳市颍泉区利用本地资源优势,大力发展果蔬、肉牛、生猪、山羊特色优势产业,按照"一镇一特一园区、一村一品一基地"发展思路,实现从"一枝独秀"到"多面开花"的蝶变。颍泉区挖掘"颍泉甄选""曹寨有礼""徽菜园"等特色资源,唤醒沉睡的"土字号""乡字号"。截至2024年4月,颍泉区培育了闻集草莓、宁老庄玉铃铛枣2个国家地理标

---

① 《阜阳市:加强农村精神文明建设　绘就和美乡村新画卷》,安徽文明网,http://ah.wenming. cn/wmcjjh/cscj/202308/t20230831_6660523.shtml。

志保护产品,"三品一标"农产品(无公害农产品、绿色食品、有机食品和地理标志农产品)达67个,农民专业合作社达1090家,家庭农场达1167家,市级以上农业产业化重点龙头企业达41家。[①]

(三)推动基层社会治理提质增效

近年来,阜阳市坚持和发展新时代"枫桥经验",进一步完善矛盾纠纷多元化解机制,加快建设覆盖全区的社会心理服务体系,畅通和规范群众诉求表达、利益协调、权益保障通道,让群众获得感成色更足、幸福感更可持续、安全感更有保障。例如阜阳市走好新时代网上群众路线,以"有话请您说、有事我来办,为群众和企业解难解烦解惑"(简称"两有三解")平台为抓手,推深做实"民声呼应"快速通道,让民声民情网上有人看,民忧民盼网下有人办,推动"家里的事由家人商量着办,阜阳的问题就在阜阳解决"。颍州区在充分发挥人民调解委员会作用的基础上,主动加强探索创新,在实践中形成了网格管事、五老调事、支部说事、群众议事,保障群众对基层事务知情权、参与权、监督权和决策权的"四事四权"工作法,巩固加强了基层组织,推动改善了干群关系,有效化解了矛盾纠纷,实现了"小事不出组,大事不出村,矛盾不激化,问题不上交"的目标。颍东区深入结合基层治理实际情况,就新时代如何创新基层治理模式进行有益探索,以"微治理"为切入口,深化党建引领基层治理,摸索出了一条践行新时代"枫桥经验"的特色之路——颍东"红管家"。颍东"红管家"通过有效疏通基层治理脉络,激活基层治理"神经末梢",切实把基层矛盾纠纷化解在萌芽状态,并积极拓宽工作职能,开启基层社会治理新局面,产生良好社会效应,得到群众广泛认可和一致好评。

[①] 《颍泉区打造特色产业赋能乡村振兴》,阜阳市人民政府网,https://www.fy.gov.cn/content/detail/6621c89d886688df488b456c.html。

界首市坚持"党建+信访",探索建立以党建为引领、群建为基础,以户区为载体、"十户"为单元、户长为纽带的"党带群建、十户联治"新机制,激活基层治理"神经元",搭建党群互动"连心桥",把信访工作融入本地"党带群建、十户联治"工作机制,深化源头治理"微网格"服务,推动基层访源治理从单打独斗"独角戏"向全员治理"大合唱"转变。阜南县创建五老法治诊所,其中"五老"是指从政法、公安、法院、检察院、司法战线退休的老干部,他们发挥余热,施展自身的丰富工作经验优势关心下一代健康成长,参与基层治理,防范化解基层矛盾风险,出色践行了新时代"枫桥经验"。此外,2022年8月,阜阳市基层社会治理研究中心揭牌成立,是推进新时代阜阳基层社会治理现代化的一次积极尝试。

(四)着力打造"四位一体"城乡协调发展体系

阜阳中心城市、县域中小城市、特色乡镇、美丽乡村"四位一体"城乡发展体系更加完善,大美阜城建设成效显著,县域综合实力大幅提升,城乡发展一体化水平明显提高。阜阳市按照"全面启动、重点培育、示范带动、递次推进"的原则,每个县市区每年重点启动建设3~6个美丽城镇,突出抓好城镇治脏、治乱、加强基础设施建设和公共服务配套等"两治一加强"整治建设任务,通过多年努力,阜阳市所有城镇步入可持续建设发展轨道,实现建设管理水平显著提高、人居环境显著改善、基础设施公共服务显著提升、主导产业发展显著加快、承载辐射能力显著增强,形成40个左右镇区规模大、人口聚集多、建设水平高、人居环境美、综合实力强的美丽城镇。此外,阜阳市还按照"规模大、设施全、经济活、环境优、形象美"的要求,扩张城市规模,完善主体功能,提升特色品位,打造区域性交通枢纽、物流中心、商贸重镇、文化名市、生态水城、健康居地。阜阳市还统筹推进阜城与五县市组群发展,构建半小时经济圈,重点推进城南新区、阜合现代产业园区、高铁新区建设,适度扩张颍州、颍泉、颍东城区规模。

安徽新型城乡发展规划为进一步推动阜阳城乡协调发展提供了重要政策支持。2022年安徽省政府办公厅印发的《安徽省新型城镇化规划(2021—2035年)》特别提出,分类推进县城城镇化建设,推动有条件的县城发展成为中小城市。其中,阜南被明确为全省15个大城市周边的卫星城市之一,将在产业发展、空间布局、设施建设、环境保护等方面与中心城市实现一体化发展;太和、颍上、临泉等9个县级中等城市,以及界首等22个县级I型小城市,则被支持发展成为产城一体、宜居宜业、功能齐全的县域中心城市。[①]阜阳市在这一政策支持下,城乡协调发展进入一个新阶段,接下来几年阜阳将在已有基础上,进一步推动城乡协调发展取得新成就。

(五)持续壮大县域经济实力

为贯彻落实阜阳市委、市政府关于推动县域经济高质量发展的决策部署,阜阳市大力推进县域特色产业发展和新型城镇化建设。例如颍上县突出服务项目建设,在改造传统产业、培育新兴产业、加强基本建设上持续发力,不断扩大有效投资。抢抓发展机遇,明确市场定位,精心谋划项目,提高服务效率,把现代旅游业作为振兴县域经济的重要抓手,推进全域旅游示范区建设,打造旅游强县,为阜阳旅游业发展提供样板。[②]在界首市循环经济产业园区,华铂科技、天能电池等企业持续加强创新,在构建从资源再生到加工利用的完整产业体系的前提下,实现经济效益、社会效益、环境效益的

---

① 张凯培:《阜阳城市圈 未来"长"这样》,《阜阳日报》2022年3月30日。
② 徐凤光、冯启俊、杨飏等:《孙正东:推动县域经济高质量发展》,《阜阳日报》2021年1月21日。

高度统一。在太和县现代医药产业集聚发展基地,贝克制药、保兴医药健康产业园和华源医药等企业充分利用当地薄荷等药用资源,加大新药研发力度,加强线下营销平台建设,构筑稳定可靠的产业链供应链。总之,阜阳市促进县域协调联动发展、城乡统筹一体发展,推动界首、颍上、太和、临泉和阜南向市域中等城市目标发展,加快推进一批基础设施配套、服务功能完善、人居环境良好、城市特色明显的县城建设,促进了协调发展。

（六）统筹发展与安全

阜阳市深入贯彻习近平关于统筹发展和安全的重要论述,认真落实省委、省政府部署要求,更好统筹高质量发展和高水平安全,全力抓好除隐患、保安全、护稳定各项工作,系统提升社会治理能力,有效防范各类风险隐患,严防末端失灵、做到终端见效,为加快建设"三地一区""十个区域性强市"营造安全稳定的社会环境。为此,阜阳市在政治安全上,系统落实重大决策"一对标三审查"工作机制,严格落实意识形态工作责任制,切实强化反渗透反颠覆工作,严厉打击非法宗教渗透、邪教滋扰和暴恐活动。在防范经济安全隐患上,把握好权和责、快和稳、防和灭的关系,有效防范化解金融、房地产等领域风险。在夯实社会安全根基上,大力推广"四事四权"工作法,不断加强和改进信访工作,强化平安建设,提升社会治理水平。在筑牢网络安全屏障上,加快完善全流程、清单化、闭环式舆情管理工作体系,制定落实网络舆情处置规程,落实市县领导每日早晚阅批风险隐患专报制度,不断提高舆情应对的时度效。在守住生态安全底线上,一体推进"1+1+N"突出生态环境问题整改,深入打好蓝天、碧水、净土保卫战,推动生态环境质量持续改善。在抓实抓细安全生产上,聚焦自建房、危旧房屋、燃气、煤矿、危化品、消防及电动自行车等重点领域,深入开展"查隐患、严整改、保安全"专项行动,有效防范和遏制各类安全事故发生,确保人民群众生命财产安全和社会大局稳定。在房屋安全治理上,完成农村房屋安全隐患排查整治工作,提升农村房屋治理水平,探索建立农村房屋建设法治化、规范化、常态化工作机制。[①]在建构风险防范机制上,坚持民有所呼、我必呼应,通过民意表达感知群众冷暖、掌握民生脉动,学习借鉴首都"接诉即办"先进经验,结合阜阳实际系统构建"纵到底、横到边"的终端见效治理机制、风险隐患常态化排查处置机制、民声呼应办理暨风险防范月讲评机制,初步取得积极进展。[②]

二、阜阳市落实协调发展理念取得的成效与存在的问题

协调发展理念在阜阳市的落实为阜阳带来了诸多利好。阜阳市落实协调发展理念以来,经济实现快速发展,"供需两旺的区域性消费强市"[③]建设不断推进。同时,由于各方面原因,阜阳市在落实协调发展理念的过程中,存在一些不同程度的发展问题。

(一)取得的成效

第一,突出乡村振兴,和美乡村建设扎实推进。阜阳市在贯彻乡村振兴战略中取得了显著成效。特别是在2023年,阜阳市大力实施新一轮粮食产能提升行动,不断提高农作物良种覆盖率、机械化率、农业科技进步贡献率,

---

① 任秉文、郑言:《刘玉杰:系统提升社会治理能力 有效防范各类风险隐患 为经济社会高质量发展营造安全稳定环境》,《阜阳日报》2024年7月6日。

② 徐风光、郑言:《刘玉杰:系统构建民声呼应高效工作体系和风险防范机制 奋力开创高质量发展和高水平安全新局面》,《阜阳日报》2024年7月25日。

③ 《刘玉杰:加快建设"三地一区""十个区域性强市"》,新华网,http://ah.news.cn/20240313/024bbd29a99a45a6bd48865ba69f7bc8/c.html。

分别达到98%、94%、66.5%,"大托管"服务面积558万亩。制定实施绿色食品产业"双千亿"计划、"秸秆变肉"暨肉牛振兴计划,农产品加工业产值、绿色食品全产业链产值分别达到2454亿元、1207亿元,均居全省第1,肉牛饲养量预计46万头以上、位居全省第1。金源保健食品、柳桥畜禽一体化等项目建成投产,长春新牧、内蒙古合牛肉牛全产业链"六个一"工程、同福大健康食品城、碧根果食品、福胜功能性凝胶软糖等项目加快实施,皇氏集团智慧化乳制品中央工厂、莘羊全产业链、中裕食品二期等项目开工建设。认证"两品一标"农产品89个,总数达到621个。农村产品网销额125亿元,增长22%。启动实施"千村引领、万村升级"工程,建成和美乡村省级中心村97个,13个村获批建设首批省级精品示范村。常态化推进农村人居环境整治,颍泉获评"全国村庄清洁行动先进县"。提质改造农村公路345千米,实现三级以上公路乡镇全覆盖。41.4万脱贫劳动力全部就业,脱贫人口人均纯收入增长15.7%、高于全省平均水平。年经营性收入50万元以上集体经济强村占比44.7%,颍东枣庄居委会第二轮土地延包国家级试点工作基本完成。①

　　第二,产业空间布局和资源要素配置得到进一步优化。阜阳市通过落实各方面发展举措,促进空间布局和资源要素配置得到进一步优化。一是"一区一带一中心"联动发展格局加快形成。阜阳市积极推进融入中原经济区、淮河生态经济带、皖北城市群等区域发展战略,加强思想观念、体制机制、市场体系、社会治理等融合接轨,推动区域互动水平进一步提高。二是道路设施建设水平明显提升。阜阳市积极推进国道、市道、县道、乡道、泉河堤顶公路建设,实施泉河航道整治工程和干流疏浚及堤防加固工程,建设连接两岸交通桥梁,推进旅游码头建设,推动道路设施建设迈上了新台阶。三

---

① 《阜阳市2024年政府工作报告》,阜阳市人民政府网,https://www.fy.gov.cn/openness/detail/content/65c42acd88668888468b456a.html。

是推动农业多元化发展。大力发展生态农业、特色高效农业、设施农业,优化"一村一品、一乡一业"布局。以沿河湿地保护性开发为重点,整合旅游资源,谋划建设一批湿地公园。重点发展绿色食品、节能环保、工业设计、文化创意等资源节约型和环境友好型产业,促进一、二、三产业融合发展。

第三,县域经济发展成绩喜人。据阜阳市统计局发布的《"十三五"阜阳市县域经济发展分析研究》显示,"十三五"以来,阜阳市县域经济全面增量提速。数据显示,2019年阜阳县域(5个县市)实现生产总值1857亿元,占全市生产总值的68.7%,占全省县域生产总值的10.4%。其中,太和、颍上生产总值超400亿元,临泉、界首超300亿元,阜南超250亿元;太和跻身全省前十(全省61个县中居第9位),颍上、临泉、界首列席全省前20(分别居第12、17、20位)。2016—2019年,5个县市生产总值年均增速均在8%以上。其中,界首年均增幅最高,达到11%;太和年均增长9.7%。此外,县域的财政收入在稳步增加。2019年,阜阳县域财政收入178.1亿元,是全市财政收入的50.6%,比2015年提高5.1个百分点;占全省县域财政收入的10%,比2015年提高2.2个百分点。2016—2019年,全市县域财政收入年均增长18.3%,高于全省县域财政收入年均增速7.2个百分点。分县市看,5个县市财政收入的年均增速均超全市平均(15.2%),其中临泉最高,达到24.1%,太和、阜南位列前三,分别增长19.2%、18.7%。[1]2023年,阜阳市县域经济进一步发展,太和、颍上、临泉、界首进入全省县域经济20强,界首田营镇、颍上慎城镇、阜南鹿城镇入围全国千强镇,田营镇排名全国第106、全省第1。[2]

---

① 《市统计局发布〈"十三五"阜阳市县域经济发展分析研究〉》,阜阳市人民政府网,https://www.fy.gov.cn/special/detail/6004ec637f8b9a37398b4569.html。

② 《阜阳市2024年政府工作报告》,阜阳市人民政府网,https://www.fy.gov.cn/openness/detail/content/65c42acd88668888468b456a.htm。

第四,精神文明建设收获颇丰。阜阳市坚持物质文明与精神文明协调发展,推动城市基础设施不断完善,城市功能持续优化,城乡文明程度显著提升,将文明融入城市肌理,使文明成为城市态度,不断实现人民群众对美好生活的向往,让城市焕发出更加迷人的时代风采。其中在公园建设方面,阜阳市结合市民合理化建议,按照"300米见绿、500米见园、5分钟可达"原则,加快公园绿地建设,规划利用斑块状小型绿地。截至2023年12月,阜阳市已建成32座"口袋公园",公园绿化活动场地服务半径覆盖率达到90.56%。在居民购物方面,阜阳市按照构建"5分钟便利店、10分钟农贸市场、15分钟超市"便民生活圈要求,分批次实施农贸市场数字化升级改造,实现了规划编制便利化、现场管理智慧化、服务设计人性化、示范创建特色化、运营维护规范化,新建改造农贸市场29个,创建文明菜市场13个。在体育运动方面,阜阳市组织开展村BA、徒步西湖等一系列全民健身活动,带动广大市民积极参与快乐健身行动,锻炼身体、增强体质,推动全民健身工作高质量发展。[1]在农村精神文明建设方面,截至2023年8月,阜阳市共培育全国文明村镇10个、省级文明村镇35个、市级文明村镇345个,县级以上文明村、镇占比分别达到75.39%、81.21%,提前完成"十四五"规划目标任务。其中,颍上县八里河镇被评为中国特色小镇,阜南县苗集镇等5个村镇入选全国乡村治理示范村镇。[2]

---

① 卢瑶:《城有文明气自华——安徽省阜阳市深化全国文明城市创建工作见成效》,《精神文明报》2023年12月22日。

② 《阜阳市:加强农村精神文明建设 绘就和美乡村新画卷》,安徽文明网,http://ah.wenming.cn/wmcjjh/cscj/202308/t20230831_6660523.shtml。

（二）存在的问题

第一，由于多种原因，阜阳市存在部分民生短板。一是住房保障及房价问题。随着房价及租房价格的居高不下，住房保障问题日益突出，给广大市民带来了不同程度的影响，尤其是给年轻的一代带来较大经济压力。二是教育特别是幼儿教育的短板逐渐显现。教育具有公共特征，相比而言，目前阜阳市的小学、初中及大学教育更具有公共产品特征，社会的满意度相对较高。但幼儿教育目前很大部分归属于私人投资领域，公立幼儿园比较有限。幼儿阶段的教育随着人口政策的变化及更多婴儿的出生，供需矛盾会越来越突出。三是医疗资源整体紧张。客观上说，随着社会的发展和收入水平的提高，对于医疗品质的要求也会不断提高。就目前而言，阜阳市医疗资源整体紧张，而且资源分配存在一定问题，医患矛盾时有发生，公众的关切也在增加。随着阜阳市老龄化程度不断提高，人口预期寿命不断增加，医疗资源紧张问题也可能会进一步凸显。

第二，精神文明建设有待加强。一方面，教育质量有待提高。目前阜阳市科学文化教育事业的发展具有一定滞后性，素质教育难以全面开展，高等教育内容与形式有待更新，科普活动和职业培训不足，继续教育质量有待提升等。另一方面，精神文明生活水平有待提高。总的来说，自觉提高精神文明生活质量还没有被市民广泛认可。部分市民对闲暇时间的利用缺乏深刻认识，往往用一些无较大意义的方式来打发利用。部分企事业单位缺乏把人的精神生活质量当成一件大事来抓的自觉意识。

第三，承接工业产业问题仍然存在。阜阳市虽在整个工业增加值方面已经获得不俗的成就，但也难免存在一些问题尚待解决。一方面，产业配套能力方面相对较弱。与东部及省内沿江地区相比，产业结构的综合配套能力仍然较弱,规模较大、配套齐全的产业集群尚未形成,影响了各种生产要素的流动,降低了企业生产环节的配套,增加了企业的经营成本和经营风险。另一方面,工业园区作为承接产业转移载体的功能有待提升。一是缺乏统一的产业布局,各工业园区产业定位不够明确,发展集中度留有一定发展空间,发展层次也有待提高。二是工业园区建设存在资金缺口,园区基础设施也不够完善,导致服务质量相对较差。

三、阜阳市落实协调发展理念的经验启示

习近平指出:"发展理念是发展行动的先导,是管全局、管根本、管方向、管长远的东西,是发展思路、发展方向、发展着力点的集中体现。"①阜阳市自贯彻落实协调发展理念以来,在阜阳市委、市政府的坚强领导下,阜阳市经济持续快速增长,人民生活水平显著提高。在贯彻协调发展理念的过程中存在多方面的经验启示,主要表现在以下三个方面。

第一,坚持区域协调发展。阜阳市在贯彻协调发展理念的过程中,始终坚持区域协调发展。如前所述,阜阳市产业空间布局和资源要素配置得到进一步优化。阜阳市不仅注重城乡协调发展,也特别注意产业协调发展,持续推进产业升级和基础设施的完善。目前阜阳市的城乡发展差距进一步缩小,第一、二、三产业发展更加平衡,产业布局更加合理,这些成就大大促进了阜阳经济社会发展,为建设现代化美好阜阳建设奠定了坚实基础。由此可见,坚持区域协调发展是贯彻协调发展理念的重要经验和重要抓手,是促进经济社会发展的重要推动力。

---

① 《中共中央关于制定国民经济和社会发展第十三个五年规划的建议》,北京:人民出版社2015年版,第48页。

第二,坚持物质文明与精神文明协调发展。阜阳市不仅注重提高广大市民的物质生活水平,还加强文化建设,致力于提高人民群众的精神生活水平,较好地满足了阜阳市人民日益增长的美好生活需要,整体提升了阜阳市发展水平。所以,阜阳市坚持物质文明与精神文明协调发展是阜阳发展的一条重要经验,不仅在"十四五"阶段会继续坚持,对于其他城市建设也具有一定借鉴意义。

第三,坚持人与自然和谐共生。党的十九大报告将"坚持人与自然和谐共生"[1]作为新时代坚持和发展中国特色社会主义的基本方略之一。党的二十大报告指出:"大自然是人类赖以生存发展的基本条件。尊重自然、顺应自然、保护自然,是全面建设社会主义现代化国家的内在要求。必须牢固树立和践行绿水青山就是金山银山的理念,站在人与自然和谐共生的高度谋划发展。"[2]这些战略安排为科学把握、正确处理人与自然关系提供了根本遵循。阜阳市在现代化发展过程中坚持人与自然和谐共生的发展理念,大力推进生态文明建设,着力解决生态发展中存在的不平衡不充分问题,大大改善了阜阳的生态环境和自然面貌,为建设美好安徽和美丽中国作出了重要贡献。阜阳市在前进征程中要继续以习近平生态文明思想为指导,"像保护眼睛一样保护生态环境,像对待生命一样对待生态环境,多谋打基础、利长远的善事,多干保护自然、修复生态的实事,多做治山理水、显山露水的好事,让群众望得见山、看得见水、记得住乡愁,让自然生态美景永驻人间,还自然以宁静、和谐、美丽"[3]。

---

① 习近平:《决胜全面建成小康社会 夺取新时代中国特色社会主义伟大胜利——在中国共产党第十九次全国代表大会上的报告》,北京:人民出版社2017年版,第23页。

② 习近平:《高举中国特色社会主义伟大旗帜 为全面建设社会主义现代化国家而团结奋斗——在中国共产党第二十次全国代表大会上的报告》,北京:人民出版社2022年版,第49~50页。

③ 习近平:《推动我国生态文明建设迈上新台阶》,《求是》2019年第3期。

　　总之,近年来阜阳市积极贯彻落实协调发展理念,着力解决了一批发展中存在的不平衡不充分问题,促进了阜阳市经济社会发展。与此同时,也应看到在推进协调发展的过程中有部分问题遗留,这需要坚定决心、下大力气对相关问题进行整治和完善。习近平指出:"困难要一个一个克服,问题要一个一个解决,既敢于出招又善于应招,做到'蹄疾而步稳'。"①在前进征程上,阜阳市需要付出更为艰巨、更为艰苦的努力,推动关键领域和重要环节改革创新,不断开辟阜阳发展新境界。

---

　　① 《把握大局审时度势统筹兼顾科学实施 坚定不移朝着全面深化改革目标前进 习近平主持召开中央全面深化改革领导小组第一次会议》,《人民日报》2014年1月23日。

第四章
绿色发展理念在阜阳的生动实践研究

　　绿色是生命的象征、大自然的底色,也是美好生活的基础。习近平指出:"生态环境是关系党的使命宗旨的重大政治问题,也是关系民生的重大社会问题。"①党的十八大以来,阜阳市争做贯彻落实绿色发展理念的"先行者""实干家",取得了一系列重大成就,当然也不免存在要进一步解决的问题。前进征程中阜阳市要继续贯彻绿色发展理念,大力建设绿色阜城。

一、阜阳市落实绿色发展理念的具体做法

　　贯彻落实绿色发展理念,阜阳市在多个方面采取了多项举措,既有高屋建瓴的顶层设计,又有贴近实际的战略举措,这些设计、举措是马克思主义发展观的基本原理与阜阳具体实际相结合的理论成果,不仅丰富和发展了马克思主义发展观,也为建设现代化美好阜阳建设提供了根本遵循,具有重

---

　　① 《习近平谈治国理政》(第三卷),北京:外文出版社2020年版,第359页。

大理论与实践意义。

（一）坚决打赢污染防治攻坚战

生态环境得到保护,才能不断满足人民对美好生活的新期待。阜阳市为了贯彻落实习近平生态文明思想,始终秉持"绿水青山就是金山银山"的绿色发展理念,坚决打赢污染防治攻坚战。在这场污染防治攻坚战中,阜阳市对破坏环境、影响绿色发展的行为进行严厉打压,同时鼓励市民积极检举污染环境的行为,努力做到多方面、多举措打赢污染防治攻坚战,为建设美丽安徽、美丽中国添砖加瓦。

第一,治理大气污染。在大气污染防治方面,阜阳市持续强化"五控"措施,包括控气、控尘、控车、控烧、控煤,以推进空气质量持续改善。例如,对固定床造气炉进行关停,对重点企业大气污染物排放情况进行执法监测,排查整治散乱污企业等。在秋冬季节,阜阳市特别强化了大气污染的综合治理,包括加强秸秆禁烧工作,严格落实问题自查自纠机制、交办问题闭环管理机制和考核问责机制等。

第二,治理水污染。阜阳市实施了包括城区污水处理提质增效、乡镇污水处理设施提质增效、阜城黑臭水体治理和地下水超采综合治理在内的四大专项行动。这些行动涉及污水处理、黑臭水体治理和地下水资源的保护。阜阳市全面落实了这四大行动,通过排查、整治和长效机制管理,解决了流域内水环境治理的突出问题,确保了区域内水质的稳步提升,有效提升了水环境质量。此外,在饮用水水源环境保护方面,阜阳市还加强了饮用水水源地的保护工作,包括对集中式饮用水水源进行环境状况评估和基础信息调查,以及推进饮用水水源保护区的划分调整工作,确保了饮用水水源的安全。在治理工业污水方面,实行集中处理,严格进行监测,坚持达标排放。

在治理农业污水方面,将被喷洒过农药的污水进行过滤,再进行电解、消毒,后用活性炭吸附。在治理生活污水方面,实行集中处理,循环利用,对于水中的污染物,采用生化法,借助活性污泥中的微生物降解。

第三,治理土壤污染。阜阳市在土壤污染防治方面已经采取了多项措施,并取得了一定的成效。一是制定土壤污染防治规划。阜阳市制定了《阜阳市土壤污染防治工作方案》和《阜阳市土壤污染治理与修复规划(2017—2020年)》,这些规划旨在统筹推进全市土壤污染防治工作。此外,还发布了《阜阳市农用地土壤镉等重金属污染源头防治行动工作方案》,以强化农用地土壤风险管控。二是管控农用地土壤风险。阜阳市以土壤安全为目标,实施了多项措施,包括推广测土配方施肥技术、高效新型肥料,以减少化肥使用量。此外,还实施了农业废弃物回收、秸秆综合利用和提升养殖废弃物资源化利用等措施,以减少土壤污染。三是管控建设用地土壤环境污染风险。阜阳市严格执行行业企业布局选址要求,禁止在居民区、学校、医院等单位周边新建、改建、扩建可能造成土壤污染的建设项目。同时,全面开展土壤污染状况调查工作,强化用途变更为"一住两公"(居住、公共管理与公共服务)重点建设用地准入管理。四是监管涉危企业。根据全区工矿企业分布和污染排放情况,确定土壤环境重点监管企业名单,实行动态更新。此外,对重点监管单位实施严格的环境监管,严厉打击非法处置、倾倒涉危涉重污染物的环境违法行为。

第四,阜阳市扎实开展生态环境问题整改质量提升行动。为持续巩固突出生态环境问题整改成效,阜阳市认真组织开展全市突出生态环境问题整改质量提升行动,常态化开展突出生态环境问题大排查大整治,全面盘点全市突出生态环境问题形势,闭环推进问题整改,以突出生态环境问题整改促进全市生态环境质量持续提升。一是全力推进"1+1+N"突出生态环境问题整改。严格落实突出生态环境问题整改"556"闭环管理机制,始终坚持问题导向、目标导向和结果导向,聚焦突出短板和薄弱环节,扎实推动突出生态环境问题整改。由市级领导任组长的9个包保督导组,先后开展多轮次市级领导集中包保督导调研。印发《关于全面加快突出生态环境问题整改工作的提示函》,督促各县市区及相关市直单位加快推进2023年度任务整改。截至2024年1月,全市39个中央和国家层面交办问题已完成整改37个,472个省级层面交办问题已完成整改454个,其中,要求2023年底前完成的5个中央和国家层面交办问题和81个省级层面交办问题已全部完成整改,剩余问题整改正序时推进。二是全面开展突出生态环境问题大排查大整治。严格落实"自查从宽、被查从严"工作要求,开展全市突出生态环境问题大排查大整治专项行动,累计上报问题989个,排查问题数量居全省第二名。常态化拍摄市级生态环境警示片,集中曝光6批次208个问题。积极推进突出生态环境问题整改质量提升行动,组织各县市区对已验收销号的中央、省级层面交办问题,以及中央、省生态环保督察转办信访件问题开展整改"回头看"全覆盖,结合全市自然保护地生态环境问题全面排查专项行动、全市"散乱污"企业清理整治工作、全市畜禽养殖场粪污处理情况联合执法检查等工作,持续开展突出生态环境问题大排查大整治,全市共排查问题199个,其中立行立改类问题129个,纳入市级清单问题70个。以上问题均已制定问题、任务、标准、时限、责任"五项清单",实施双向交办。三是建立健全突出生态环境问题排查整改长效机制。制定《阜阳市突出生态环境问题排查整改实施细则》和《阜阳市突出生态环境问题核查考核实施细则》等,进一步压实工作职责,严格考核奖惩,不断消除问题存量,遏制问题增量,以突出生态环境问题整改推动环境质量持续提升。拟出台《阜阳市突出生态环境问题排查整改工作办法》,健全问题常态化发现整改长效机制,提升主动发现问题、及时解决问题的能力水平,变被动整改为主动发现、主动整改,推动从解决一个问题向解决一类问题转变。①

第五,创新废弃物处理方式。阜阳市阜南县委、县政府抢抓国家级农业(林业)循环经济试点县机遇,积极与同济大学新能源研究院合作,以林海生态生物天然气项目为依托,成功掌握多维可控生物天然气核心技术,在全国首创县域"站田式"全域化、全量化、全循环农业废弃物处理方式,培育形成县域有机废物全利用、县域利用全覆盖、复合利用全循环的生物天然气产业"三全模式",有效解决了农业废弃物处理、天然气输送、有机肥供应等难题,探索出了全域农业废弃物生态循环经济发展多元化的处理模式,推动了全县有机废物全利用。同时,阜南县坚持全域化布局,推动县域利用全覆盖。以国内首创全县域站田式全量化先进处理方式为支撑,按照"8+1站田式"模式,在全县布局8个生物天然气生产站和1个中心站。每个站点日可处理粪污、秸秆、厨余垃圾、病死动物等有机废弃物480吨,日产沼气15000立方米,提纯获生物天然气7200立方米,同时发电6000度。此外,以生物天然气为纽带,延伸产业链、打造供应链、提升价值链,在产品、主体、产业等层面建立循环链接的多维系统,推动产业化联动。项目以有机废弃物为原料,有效化解了环境压力,为全县种养业提供了可持续发展的条件。项目年产有机肥20万吨,有力推进全县有机农业发展。"三全"模式既可推动养殖业快速发展,又可带动种植业品质提升。②该模式得到安徽省和阜阳市各级各部门的支持与关注,相关部门加大政策扶持力度,优化资源配置,确保"三全"模式

① 《阜阳市扎实开展突出生态环境问题整改质量提升行动》,阜阳市人民政府网,https://www.fy.gov.cn/content/detail/65baf5bd8866885f0e8b456b.html。

② 《安徽阜南:生物天然气"三全"模式推进农村能源转型 推动绿色低碳发展》,人民网,http://ah.people.com.cn/n2/2023/0413/c374164-40375186.html。

的顺利推广和实施。

（二）倡导工业企业绿色制造体系建设

绿色制造又被称为面向环境的制造，是一个综合考虑环境影响和资源效益的现代化制造模式。绿色制造技术是指在保证产品的功能、质量、成本的前提下，综合考虑环境影响和资源效率的现代制造模式。它使产品从设计、制造、使用到报废整个产品生命周期中不产生环境污染或环境污染最小化，符合环境保护要求，对生态环境无害或危害极少，节约资源和能源，使资源利用率最高、能源消耗最低。阜阳市积极响应国家绿色发展号召，坚持发挥自身优势，努力打造阜阳绿色制造新名片。

阜阳市积极推进工业绿色转型升级，全面开展绿色制造体系建设，勇当皖北绿色制造"排头兵"。一是规划引领搭建体系框架。阜阳市将绿色制造体系建设作为提质增效行动的一个重要抓手，提出聚焦碳达峰碳中和目标导向，以绿色低碳发展为主线，推进工业绿色制造体系建设，促进绿色生产方式转型提升。在《阜阳市"十四五"工业发展规划》《制造业提质扩量增效（倍增）行动实施方案》《碳达峰实施方案》等规划方案中均提出了具体的绿色制造体系创建路径和目标。二是优中选优提升体系层级。阜阳市组织制定了国家级、省级绿色工厂培育计划，积极推进绿色制造体系多维度工作，以梯队培育方式创建绿色工厂，引导重点企业对照国家级绿色制造体系标准不断规范提升，持续推动绿色工厂、绿色园区、绿色供应链建设，促进产业链现代化水平大幅提升，推动形成绿色低碳的生产方式。在绿色工厂推荐过程中构建了市级多维度评价体系，提高了推荐工作的科学性，保障创建成功率。三是多措并举支持体系建设。阜阳市通过抓好工业节能降碳、企业规范提升等各项基础工作促进绿色制造体系建设。组织高耗能行业重点企业开展能效对标达标活动,创建2家能效领跑者。2022年完成工业节能监察任务企业4家,公益性工业节能诊断服务企业16户,帮助企业挖掘节能潜力,提升绿色管理能力。在工作中抓好绿色制造项目、"五个一百"重点项目、自愿性清洁生产等导向计划中绿色制造项目的跟踪调度,引导企业加快全流程、循环化、低碳化改造步伐。①

阜阳市重点领域节能降碳技术改造总体实施方案(2022—2025年)②

为贯彻落实国家发展改革委等部门《关于严格能效约束推动重点领域节能降碳的若干意见》(发改产业〔2021〕1464号)、《关于发布〈高耗能行业重点领域能效标杆水平和基准水平(2021年版)〉的通知》(发改产业〔2021〕1609号)和省发展改革委等部门《关于严格能效约束推动重点领域节能降碳的通知》(皖发改产业〔2022〕58号),推动我市重点领域节能降碳和绿色转型,制定本实施方案。

一、总体要求

(一)指导思想

以习近平新时代中国特色社会主义思想为指导,深入贯彻习近平生态文明思想,全面贯彻落实党的十九大和十九届历次全会精神,立足新发展阶段,完整、准确、全面贯彻新发展理念,构建新发展格局,科学处理发展和减排、整体和局部、短期和中长期关系,突出标准引领作用,深挖节能降碳技术

---

① 《我市绿色制造体系建设再创佳绩》,阜阳市人民政府网,https://jxj.fy.gov.cn/content/detail/642a7cb68866887c118b4567.html。

② 《阜阳市发展改革委阜阳市经济和信息化局关于印发阜阳市重点领域节能降碳技术改造总体实施方案的通知》,阜阳市人民政府网,https://www.fy.gov.cn/policyContent/detail/20/629ef339886688b1368b456d.html。

改造潜力,推进综合施策,严格监督管理,加快重点领域节能降碳步伐,促进全市经济社会绿色低碳转型,为如期实现碳达峰目标提供有力支撑。

(二)主要目标

通过实施节能降碳行动,到2024年底,《安徽省重点领域企业和项目能效清单目录(第一批)》内能效低于标杆水平的企业项目(产线)通过升级改造达到标杆水平;到2025年,全市重点领域能效达到标杆水平的产能比例超过50%,行业整体能效水平明显提升,碳排放强度明显下降,绿色低碳发展能力显著增强。

二、重点任务

(一)加强能效清单目录管理

聚焦炼油、煤制焦炭、煤制甲醇、煤制烯烃、煤制乙二醇、烧碱、纯碱、电石、乙烯、对二甲苯、黄磷、合成氨、磷酸一铵、磷酸二铵、水泥熟料、平板玻璃、建筑陶瓷、卫生陶瓷、高炉工序、转炉工序、电弧炉冶炼、硅铁、锰硅合金、高碳铬铁、铜冶炼、铅冶炼、锌冶炼、电解铝以及数据中心等重点领域,加强现有企业和在建、拟建项目排查,对纳入《安徽省重点领域企业和项目能效清单目录》的实行定期跟踪调查。重点领域范围内的新建项目和新投产企业,经科学评估后按程序申请纳入省级能效清单目录;已纳入清单目录、能效水平有变动的,及时申请更新。对于瞒报漏报的项目,视为落后产能。

(二)分类精准推动技改达标

严格落实《国家发展改革委等部门关于发布〈高耗能行业重点领域能效标杆水平和基准水平(2021年版)〉的通知》(发改产业〔2021〕1609号),根据《安徽省重点领域企业能效清单目录(第一批)》公布的企业和项目,对能效已经达到或超过标杆水平的继续挖掘潜力,推广复制技改升级成功经验,引领高质量发展。处于标杆水平和基准水平之间的,引导企业开展升级改造,向标杆水平迈进。重点推动合成氨等领域能效低于标杆水平企业改造升级,组织有关企业研究制定本企业节能降碳技术改造工作方案,到2024年完成技改项目建设。

(三)严格新建项目源头管控

强化源头把控,对新建项目,严格落实发展规划、产业政策、审批手续、行业标准的要求,严格按照能耗标杆水平进行审核,严禁新建达不到能效标杆水平的项目。对在建项目,对照标杆水平建设实施,推动能效水平应提尽提,力争全面达到标杆水平。对已建成投产项目,处于标杆水平和基准水平之间的,开展升级改造,向标杆水平迈进;低于基准水平的,2024年底前进行改造升级到基准水平以上、力争达到标杆水平。坚决遏制高耗能项目不合理用能,对于能效低于本行业基准水平且未能按期改造升级的项目,限制用能。

(四)加快绿色低碳技术装备推广应用

以新一代清洁高效、绿色低碳、可循环生产工艺装备为重点,推动企业使用新技术、新装备。支持企业加强节能降碳先进适用工艺技术装备研发,加大技术攻关集成和成果转化示范。积极跟进节能降碳关键共性技术、前沿引领技术、颠覆性技术研发进展,加快《产业结构调整指导目录》鼓励类及《绿色技术推广目录》等明确的先进成熟绿色低碳技术装备推广应用,鼓励企业适时采用氢还原、惰性阳极、碳捕捉等工艺技术实施改造。构建绿色制造体系,推进产品全生命周期绿色管理,不断优化产品结构,引导下游行业选用绿色产品,建设绿色工厂。鼓励发展循环经济,加强余热、余压回收,实现能量梯级利用。鼓励企业探索从蒸汽驱动向电力驱动转变,开展供电系统适应性改造。

（五）推动产业结构优化升级

重点领域新建工业项目必须入驻工业园区，提高集约化、现代化水平，形成规模效益，提升能源环境等基础设施使用效率。支持关联产业集群化发展，构建企业首尾相连、互为供需和生产装置互联互通的产业链，提高资源综合利用水平，减少物流运输能源消耗。鼓励不同产业和行业融合发展，提高资源转化效率，实现协同节能降碳。

三、保障措施

（一）健全工作机制

构建市、县两级及省级开发区统筹联动、多管齐下的协同工作机制，多方齐抓共管，形成工作合力。开展能效常态化监测，探索对重点领域企业全流程用能精细化、智慧化管理，推动能效提升目标按时完成。

（二）强化要素保障

加大对技改项目能评、环评、安评、供水、供电、供气、用地、用工、用钱等要素保障力度，鼓励和支持企业在不新增建设用地的前提下开展扩建、改建、购置设备等"零增地"技术改造，提高单位土地面积产出效益，加快技术更新换代和产业转型升级。积极协助企业解决项目实施过程中的困难和问题，重大项目纳入"星期六会商"机制，推动项目顺利实施。

（三）加大政策支持

对能效达到标杆水平及以上的企业，组织申报重点用能行业能效"领跑者"。对符合条件的项目，积极推荐申报省制造业融资财政贴息、碳减排支持工具等一揽子政策。积极争取中央预算内投资，支持企业开展节能降碳技术改造。落实节能专用装备、技术改造、资源综合利用等方面税收优惠政策。

（四）强化监督管理

加强对企业能效水平执行情况的监督检查，确保相关政策要求执行到位。压实节能降碳属地监管责任，建立健全用能预警、约谈问责等工作机制。发挥信用信息共享平台作用，加强对违规企业的失信联合惩戒。

（五）加强政策宣传

加强政策解读和舆论引导，积极回应社会关切和热点问题，传递以能效水平引领重点领域节能降碳的坚定决心。传播普及绿色生产、低碳环保理念，营造全社会共同推动重点领域节能降碳的良好氛围。遴选节能降碳或改造提升效果明显的企业，及时进行宣传推介。

界首市在阜阳市绿色制造体系建设中走在前列。为贯彻落实《"十四五"工业绿色发展规划》《工业领域碳达峰实施方案》，持续完善绿色制造体系，助力工业领域碳达峰碳中和，界首市围绕产业高端化、智能化、绿色化和绿色制造体系建设，持续打造绿色制造体系，通过建立后备企业库，实行梯级培育，逐步建立绿色设计产品、绿色工厂、绿色供应链、绿色园区全覆盖的绿色制造体系，助力界首和阜阳工业绿色化转型和可持续发展。截至2023年11月，"界首市共获批国家绿色产业示范基地、国家级绿色园区1个、国家级绿色工厂12家、绿色设计产品13个、绿色供应链管理示范企业6个，工业产品绿色设计示范企业名单4个，国家绿色数据中心先进适用技术产品目录1个；省级绿色工厂14家、省级绿色产业示范基地，实现绿色制造体系项目全覆盖，全省县级最多，阜阳唯一"①。

阜阳卷烟厂打造绿色低碳制造模式。围绕绿色发展，阜阳卷烟厂构建

① 李田田：《我市绿色制造再获新突破》，阜阳市人民政府网，https://www.ahjs.gov.cn/content/detail/655dbed5886688b8128b456b.html。

了"四梁八柱"的绿色管理体系,全面覆盖了制造、能源、数字、人才、财务等生产运营各环节,健全企业组织架构,先后成立双碳工作领导小组、绿色工厂创建领导小组、精益成本管理组织、工艺计量专业性研究团队,为推进绿色发展提供了有效支持。在此基础上,阜阳卷烟厂在自主开发构建的三级目标管控平台上,覆盖生产、质量、能耗、物耗的689项生产关键指标数据快速跳动,其中622项指标同比实现提升,指标提升率达到90.28%;为充分发挥绿色低碳道路上的"数字引擎"作用,搭建了以制造执行系统(MES)为主线的一体化集成管控平台,通过平台整合、数据融合,实现了生产系统的一体化集成、平台化运作。其中在能源管理方面,构建基于数据驱动的能源管理系统,以能耗、碳排放"双控"为主线,开发能耗强度分析、用能平衡测算、智能预警等七大功能模块,实时跟踪统计各个微小用能单元的能耗变化,与全厂密集分布的1100余块数字化仪表、4114件计量器具,共同织密精确计量的三级能源管理网络。在供能调控方面,自主搭建能源一体化管控平台,采用供能预测、供用联动、耦合匹配等多种能源供给策略,促进了生产用能的精准控制。开发空调自适应控制模式,运用大数据预判变化趋势,实现了环境温湿度的智能化调控。在生产组织方面,围绕生产、质量、能耗、物耗全过程管理,强化目标量化管理,搭建三级目标管控平台,完成了生产关键指标的动态跟踪和分析。透过指标看差距、定对策,在目标管控平台数据资源的加持下,形成了问题快速识别、目标快速集聚、措施快速响应的生产管理模式。在物流仓储方面,基于平库管理打造的"黑灯仓库"可以实现24小时不间断无人化无照明作业,提升作业效率63%,节约用电成本10万千瓦时/年。以物流订单提前响应、装载车辆智能调配为目标,打造的"有感月台",成为物流供应链上绿色化理念和信息化应用深度融合的优秀案例。在绿色办公方面,探索开展线下流程数字化创新实践,开发线上智慧印章、掌上动力、智慧运维等移动应用,实现传统业务工作流程的数字化转型。2022年开发信息化应用场景16个,2023年开发信息化应用场景46个。在上述举措的推动下,阜阳卷烟厂能源管理工作实现了"数绿交融"的迭代升级。[①]

此外,阜阳卷烟厂为深化绿色发展理念,处理好成本与效益之间的关系,提出了"精准控制、精细管理、精益成本"为内涵的成本管控策略。以效益为中心,算好经济账,推动成本管控向采购、生产、运营、物耗等各环节渗透。在财务管理上,最新上线的资管智慧平台,在探索资产动态管理,优化资产结构的道路上,走出了一条新路。而"预管通"信息化平台,则通过费用分解、预警、分析、激励等管理手段,提升了成本费用的全过程管控能力,为企业"当好家""把好脉"。在创效活力上,持续开展"我为降本增效献一策"活动,发动广大员工献言献策,从节约一张纸、一度电、一滴水做起,累计收集建议54条,取得了经济效益200余万元。在优惠政策上,连续多年开展"我向政策要优惠"活动,并组织评比,激励各部门、各岗位、各层级积极研究争取行业与地方优惠政策和奖励措施。在节能减排、税收优惠、人才激励、社保减免等方面,获得了可观的经济效益。在物耗管控上,以MES系统为基础,建立物耗管理和成品数据跟踪模块,深度挖掘和分析生产环节"物耗数据",提升物耗管控能力。总之,阜阳卷烟厂创建5C节能降碳管理新模式,从管理、结构、技术、工艺、数字等五个维度上多点发力,收获显著成效。2023年万支水耗0.057立方米,同比下降36.5%,万支碳排放量较前期下降了72%。阜阳卷烟厂的绿色发展成就,得到工信部和有关部门高度认可,阜阳卷烟厂在2024年1月5日被评为国家级绿色工厂;后于1月6日入选由安徽

---

① 《安徽中烟阜阳卷烟厂:书写高质量发展"绿色答卷"》,新华网,http://www.ah.xinhuanet.com/20240117/c61bb32e0fc4410781f28fbf86bf2f3e/c.html。

省碳达峰碳中和工作领导小组评选颁发的"安徽省十大低碳应用场景"①。

（三）打造绿色城市生活

第一，倡导绿色出行。2020年11月，经市政府申报、安徽省交通运输厅审核确定、交通运输部批准，阜阳市成为全国绿色出行创建行动第一批创建城市。同年12月，阜阳市编制了《阜阳市绿色出行创建行动方案》《阜阳市绿色出行示范城市创建实施方案》，成立由市政府分管负责同志任组长，发改、财政、城建、城管、公安、交通运输等多部门主要领导为成员的绿色出行示范城市创建领导小组。在此基础上，阜阳市严格对标交通运输部创建要求，从完善政策体制机制保障、推进基础设施建设、提升公共交通服务品质、推动绿色装备更新四方面发力，围绕"构建绿色、安全、畅达、高效、文明的出行服务体系"这一目标，组织实施"基础设施完善工程"等六大工程，推动创建工作扎实开展，将创建行动落到实处。②其中在减轻汽车尾气污染方面，阜阳市生态环境局、市公安局、市交通运输局根据公安部《道路交通安全违法行为处理程序规定》（公安部第157号令）第十六条规定，出台《关于对路面行驶柴油车开展路检路查和遥感监测执法的通告》（阜环函〔2020〕279号），启用机动车尾气遥感监测和黑烟抓拍设备。该批设备将于2021年2月1日启用，市公安、生态环境部门将依据《中华人民共和国大气污染防治法》《中华人民共和国道路交通安全法》等法律法规，对驾驶排放检验不合格的机动车上道路行驶的违法行为予以抓拍处罚。③

---

① 《安徽中烟阜阳卷烟厂：书写高质量发展"绿色答卷"》，新华网，http://www.ah.xinhuanet.com/20240117/c61bb32e0fc4410781f28fbf86bf2f3e/c.html。

② 李一晴、许宸：《阜阳获评绿色出行创建达标城市》，《阜阳日报》2023年1月10日。

③ 郝明远：《关于启用机动车尾气遥感监测和黑烟抓拍设备的通告》，阜阳市人民政府网，http://sthj.fy.gov.cn/content/detail/5ffd774a7f8b9ad9228b456b.html。

此外,阜阳市营造绿色出行文化氛围,广泛开展绿色出行宣传活动。一是加大宣传"力度"。创建期间,市、区两级党政机关、企事业单位以"低碳日""无车日"等节日为载体,积极开展绿色出行主题宣传活动,有效增强绿色出行社会影响力,取得了良好效果。二是拓宽宣传"广度"。借助网站、微信等平台,开展绿色出行公益宣传,扩大宣传覆盖面。建立公共交通乘客委员会,通过社会公开招募委员 20 名,引导公众参与公共交通发展。组织开展"公交出行宣传周""绿色出行宣传月"活动,"绿色出行宣传月"期间实行公交免费乘坐,群众绿色出行积极性和主动性显著提升。三是提高宣传"热度"。通过开展丰富多样的绿色出行宣传活动、实践活动,绿色出行理念深入人心、蔚然成风、形成潮流,营造了鼓励绿色出行的良好氛围和人人参与绿色出行的良好局面。①

第二,推动垃圾分类治理。推进城市生活垃圾分类是打造绿色城市生活的内在要求。近年来,阜阳市积极推进城市生活垃圾分类处理,取得了明显成效。2022 年 11 月,阜阳市印发《阜阳市推进城市生活垃圾分类工作实施方案》,提出的分类处理方案主要包括:"一是加快分类设施和布局。加强完善、规范全市居民小区、公共机构、经营区域、公共场所分类投放收集设施,实现全市生活垃圾分类全覆盖的目标。二是建立闭环管理。明确属地和部门责任,加大工作推进力度,建立健全检查、评估和考核体系,专门负责全市生活垃圾分类工作的指导、督促和检查工作,推动公共服务、社会资源下沉到社区,使生活垃圾分类工作落到基层、深入群众。三是推动全民参与。充分发挥党建引领作用,以社区基层党组织为单位,广泛开展'美好环境与幸福生活共同缔造'活动,把垃圾分类与党员进社区和社区共建结合起来,引

① 《市交通运输局扎实推动绿色出行示范城市创建工作》,阜阳市人民政府网,https://www.fy.gov.cn/content/detail/632d7ef188668880468b457d.html。

导社区居民积极参与,为社区居民营造良好生活环境氛围,增强全民垃圾分类意识,深入推进生活垃圾分类工作。四是完善配套政策。适时修订《阜阳市生活垃圾管理条例》,建立完善公共机构生活垃圾分类管理考核制度,常态化开展监督检查。将各级各部门生活垃圾分类工作纳入政府目标管理绩效考核,并作为全国文明城市、国家卫生城市、无废城市等创建内容。"①

　　第三,推广绿色建筑。阜阳市积极推广绿色建筑,并采取了一系列措施来推动这一进程。一是制定并实施绿色建筑行动实施方案。阜阳市制定了《阜阳市绿色建筑行动实施方案》,旨在推动绿色建筑发展,促进资源节约型和环境友好型社会建设。该方案强调了全寿命周期理念,以人为本,因地制宜,以绿色建筑标准为依据,以科技为支撑,以政策为保障,全面推进绿色建筑行动。二是提升绿色建筑品质。阜阳市严格执行工程建设各方主体责任,重点关注图审关和验收关。此外,积极开展绿色建筑星级标识评价工作,执行绿色建筑统一标识制度。三是执行建筑节能标准。阜阳市全面执行省公共建筑和居住建筑节能设计标准,推行节能65%的强制性标准。同时,积极推进太阳能、空气能、浅层地热能等技术在建筑中一体化应用。四是示范项目引领。阜阳市积极组织全市在建项目申报绿色、红色、智慧、安心等四个工地和科学技术示范项目。共有10项工程获省级绿色工地试点称号,9项工程获省级安心工地试点称号。五是在创建省级绿色生态城市的框架下,大力发展绿色建筑。全市城镇新建民用建筑全面按照绿色建筑设计建造,鼓励政府投资的大型公共建筑按照二星级及以上绿色建筑设计建造。此外,还全面推广可再生能源建筑应用,例如,城镇新建民用建筑在1万平方米以上的,利用不少于1种可再生能源。通过这些措施,阜阳市在绿色建筑

---

① 《阜阳市推进城市生活垃圾分类工作实施方案》,阜阳市人民政府网,https://scgj.fy.gov.cn/openness/detail/content/639942a1886688136d8b456c.html。

推广方面取得了显著的进展,不仅提升了建筑的能效和环保性能,也为城市的可持续发展做出了贡献。

(四)发展绿色农业

绿色农业高质量发展能够提升阜阳市农业发展的整体质量,多方面发展绿色农业给阜阳市农业发展提供了多种思路,使阜阳市农业发展前景更加广阔。

倡导绿色农业高质量发展。绿色发展是实现农业高质量发展的根本途径,阜阳市近年来一直推广绿色农业高质量发展,积极在全市推广农业全产业链发展("1+N"模式①),为实现乡村全面振兴提供了有力支撑。特别是颍上县以创新发展现代农业为方向,多措并举,结合政策、科技、创新等多种因素,大力发展绿色、高效、特色农业,促进全县农业增效、农民增收和农村经济持续快速发展。一是政策支持。颍上县委、县政府连续多年出台文件,强力支持高效特色产业的发展。近年来,县委一号文件分别对美丽生态渔场建设、农产品加工业发展、休闲农业、稻渔综合种养、农产品电商体系等给予奖补。二是科技支撑。县农业农村部门积极同省农科院、安徽农业大学、南京农业大学等科研单位建立县所、县校、县院合作,搞好开发,提高农业科技含量,高标准建设农业科技示范园区,树立典型示范,引导农业产业结构调整。实施良种工程,改良现有品种质量。加强农业技术培训,提高农民科技水平,建立合作组织,增强农民对市场化的适应能力。三是创新发展。因地

---

① 在"1+N"全产业链发展模式中,"1"即龙头企业、"N"即最小单元的标准化规模种养殖基地、"+"即龙头企业和配套基地之间的利益联结机制。该模式旨在通过聚焦一个特色品种、培育一个龙头企业、打造一个主导产业、塑造一个主打品牌、建设一批单品基地、带动一片村集体经济和农户增收致富。

制宜,充分依托和利用现有资源,打造了"水上漂的是水禽,水中游的是鱼虾,水下生的是莲藕"的田园美景和独具特色的颖上"三水"产业,带动相关产业发展,拓宽农民增收渠道,并将发展休闲农业作为特色农业的一项重要内容,建设王岗美丽庄台、十八里铺花园小镇、江店孜双集茶文化等都市休闲农业示范园区,拓展农业功能,实现农业发展的整体效益。①

发展绿色食品业。绿色食品是指生产、加工、运输、销售的过程中,对环境不产生污染,对人体健康有益且符合相关标准的食品。绿色食品产业包括符合绿色食品要求的农产品生产、加工制造、流通与服务业,以及为绿色食品提供专业化服务的配套企业、政府管理部门、中介组织等在内的相互作用、相互联系的综合体。随着我国经济高速发展,老百姓也越来越注重生活的质量,特别是在食品的质量上尤为关注。阜阳市农业农村部门严格按照习近平总书记"四个最严"②的指示要求,牢牢把控农产品的质量安全,同时也增加了绿色优质农产品的供给。此外,阜阳市大力实施绿色食品产业"双千亿"计划、"秸秆变肉"暨肉牛振兴计划,坚持树立大农业观、大食物观,坚持农林牧渔副并举,把农业建成现代化大产业。一是按照"一链十群一基地、十大行动强支撑"思路,扎实做好"粮头食尾""畜头肉尾""农头工尾"增值大文章,加快重大项目建设,支持龙头企业发展,启动建设县市区绿色食品产业园。二是积极创建以肉牛产业为主导的国家现代农业产业园。三是积极培育"皖美农品"品牌。四是深入实施"数商兴农"和"互联网+"农产品

---

① 《颖上县多措并举支持绿色农业创新发展》,阜阳市人民政府网,https://www.fy.gov.cn/content/detail/6554289288668852488b4567.html。

② "四个最严"是指用"最严谨的标准、最严格的监管、最严厉的处罚、最严肃的问责",确保广大人民群众"舌尖上的安全"。

出村进城工程。①其中阜阳市颍泉区打造绿色基地激活乡村振兴"强引擎"，按照"创建制种大县、壮大草莓之乡、打造菌菇小镇、建设净菜强区"的发展思路，逐步把种子、草莓、菌菇和预制菜四大主导产业做大、做全、做强。围绕"1+3"建设思路，加快推进绿色食品产业园建设，为绿色食品全产业链发展筑牢阵地基础。打造"一链十群一基地"，加快建设深喜净菜、欣荣豆制品等绿色食品重点项目，培育壮大新世纪种业、尚源食品、鸿福草莓、英盛香菇等重点企业。擦亮国家地理标志农产品闻集草莓和宁老庄玉铃铛枣、皖美农品"颍花缘"菊花、阜阳名小吃周棚皮丝和颍菊水饺等品牌，培育一批省内外绿色食品著名商标，打造闻集薄壳山核桃、周棚艾草中草药材、中市香菇、宁老庄羊肚菌等特色优势产业，汇聚强劲发展动能，让丰富资源优势变成产业优势。②

二、阜阳市落实绿色发展理念取得的成效与存在的问题

阜阳市在贯彻落实绿色发展理念方面做了多方面工作，针对不同地区实施不同方法，在很多方面都取得了不错成效，使阜阳市发展面貌得以焕然一新，不过也存在一些不足。

（一）取得的成效

阜阳市污染防治攻坚战顺利开展，蓝天、碧水、净土保卫战有力推进，污

---

① 《阜阳市2024年政府工作报告》，阜阳市人民政府网，https://www.fy.gov.cn/openness/detail/content/65c42acd88668888468b456a.html。

② 《颍泉区打造特色产业赋能乡村振兴》，阜阳市人民政府网，https://www.fy.gov.cn/content/detail/6621c89d886688df488b456c.html。

染防治攻坚战阶段性目标基本实现,"智能绿色的区域性制造强市、天蓝地绿水清的区域性生态强市、高质高效的区域性农业强市"①创建稳步推进。

污染防治攻坚战取得新成效。在大气污染防治方面,2022年全市二氧化硫日均值浓度变化范围在4~16微克/立方米之间,均值为7微克/立方米;二氧化氮日均值浓度变化范围在6~57微克/立方米之间,均值为22微克/立方米;可吸入颗粒物日均值浓度变化范围在12~310微克/立方米之间,均值为71微克/立方米;细颗粒物日均值浓度变化范围在5~185微克/立方米之间,均值为42微克/立方米;一氧化碳日均值浓度变化范围在0.3~1.2毫克/立方米之间,均值为0.6毫克/立方米;臭氧日均值浓度变化范围在22~218微克/立方米之间,日最大8小时均值为107微克/立方米;除可吸入颗粒物和细颗粒物年均浓度值超过空气环境质量二级标准,其余污染物浓度值均符合空气环境质量二级标准。②此外,2023年以来,阜阳市委市政府从解决突出生态环境问题入手,注重点面结合、标本兼治,深入开展群众"家门口"环境突出问题等专项整治行动,全市生态环境质量不断改善,$PM_{2.5}$浓度同比改善率全省第2、连续六年持续下降、达到有监测数据以来最好水平,人民群众获得感和满意度不断增强。③

水污染防治取得好成绩。一方面,阜阳市水环境质量显著提升。阜阳市开展"十三五"水资源消耗总量和强度双控工作,连续三年在省级最严格水资源管理考核中获优秀等次。2020年以来,市政府多次召开现场会,印发

---

① 《刘玉杰:加快建设"三地一区""十个区域性强市"》,新华网,http://ah.news.cn/20240313/024bbd29a99a45a6bd48865ba69f7bc8/c.html。

② 《2022年阜阳市环境质量概要》,颍州区人民政府网,https://www.yingzhou.gov.cn/xxgk/detail/6476feda886688561d8b456c.html。

③ 任秉文、郑言:《刘玉杰:坚决扛起生态文明建设政治责任 有力有效抓好生态环境保护工作》,《阜阳日报》2024年1月20日。

《阜阳市乡镇政府驻地生活污水治理设施建设工作量化问责规定（试行）》，
强化督查调查。截至2020年6月底，全市198个省级美丽乡村中心村污水处
理设施建设任务已全部完成，全市146个乡镇政府驻地生活污水处理设施建
设任务，已建成运行126个；全市98个建制村环境综合整治任务已全部完
成。[①]2022年以来，阜阳市先后印发《阜阳市农业农村污染治理攻坚战实施
方案》（阜环函〔2022〕182号）《阜阳市乡镇政府驻地生活污水处理设施提质
增效、农村生活污水和农村黑臭水体治理攻坚行动方案》，通过开展专项整
治行动、召开重点工作调度会，扎实推进农村环境治理工作。2022年全市计
划完成了50个乡镇政府驻地生活污水处理设施提质增效任务、43个农村污
水治理任务、100条农村黑臭水体整治任务。[②]此外，生态文明体制不断完
善，"河湖长制"实现市县乡村四级全覆盖。另一方面，阜阳市认真执行跨界
河流水污染联防联控合作协议。一是举行不定期会商。2018—2020年，阜
阳市与淮南市先后多次召开焦岗湖水污染防治会商会，深入交流焦岗湖水
环境保护情况，明确细化了联防联控措施。二是开展联合监测。阜阳市与
淮南市在淮河鲁台孜、济河张扬渡口断面每月定期开展联合监测。2020年6
月，阜阳市与淮南市在焦岗湖流域多条河流上联合开展了汛期水质应急监
测。三是互通信息防范化解水环境风险。2017年8月、2018年8月、2020年
7月，河南省周口市就泉河上游支流泥河提闸泄洪、黑茨河上游的洺河堤闸
泄洪先后3次发函提醒阜阳市做好风险防范。对此，阜阳市积极采取应对措
施，由市防指办牵头，多部门联动、会商，通过加强水质监测，强化部门联动，

---

① 《2020年以来阜阳市水污染防治工作有关情况新闻发布会》，阜阳市人民政府网，http://
www.fy.gov.cn/openness/detail/content/5fdb241c7f8b9ac3598b4567.html。

② 《2022年以来阜阳市水生态环境保护有关情况通报》，阜阳市人民政府网，https://www.fy.
gov.cn/openness/detail/content/63ae383c8866882c278b456c.html。

根据泄洪流量、水质情况科学调度闸坝,合理控制下泄渠道和流量,实现了平稳泄洪,确保了泄洪期间阜阳市境内黑茨河、茨淮新河等相关河流水环境安全。①

土壤污染防治取得新进展。阜阳市强化涉危企业监管,守好土壤风险底线。根据全区工矿企业分布和污染排放情况,确定土壤环境重点监管企业名单,实行动态更新。2023年,阜阳市颍州区11家工业企业列入危废企业管理计划,58家单位申报登记危险废物年度台账,重点为涉废企业、医疗机构、汽车4S店、污水处理厂等,进一步强化涉危涉重企业环境监管,严厉打击非法处置、倾倒等涉危涉重污染物的环境违法行为。②此外,界首市打好土壤污染防治"组合拳"不仅先后6次赴南京市对接生态环境部南京科学研究所,累计投入4000万元,编制方案、23000方污染土壤的清挖运输处置、污染土壤开挖过程中的深基坑安全防护、设置厂区周边的止水帷幕、基坑支护、回填和风险管控,全面完成了问题整改;而且制定并落实《2022年度界首市危险废物规范化环境管理评估工作方案》,进行了两轮检查,采取现场检查、查阅资料、询问管理人员等方式,按照《危险废物规范化环境管理评估指标》,对辖区内10家危险废物产生单位和10家危险废物经营单位进行了全覆盖考核。③

打击环境违法成效显著。在污染防治攻坚战中,阜阳市持续加大对环境违法行为的查处力度,保持严厉打击环境违法的高压态势,坚决制止和惩

---

① 《2020年以来阜阳市水污染防治工作有关情况新闻发布会》,阜阳市人民政府网,http://www.fy.gov.cn/openness/detail/content/5fdb241c7f8b9ac3598b4567.html。

② 《颍州区强化土壤污染防治　防控土壤环境风险》,阜阳市人民政府网,https://sthj.fy.gov.cn/content/detail/65b1d3ac88668880568b4568.html。

③ 《界首市打好土壤污染防治"组合拳"》,界首市人民政府网,https://www.ahjs.gov.cn/xxgk/detail/63c66c08886688b2448b456e.html。

处破坏生态环境行为。阜阳市对生态环境领域执法裁量权进一步细化,将依法不予处罚的轻微违法违规行为具体化、标准化,对27类轻微违法违规、没有造成危害后果的生态环境违法行为容错免罚,给予企业改正机会和适度的容错空间,持续优化执法方式,提升执法效能,实现严格规范公正文明执法。仅2023年,就先后对27起违法违规行为轻微案件依法作出不予处罚决定,免罚金额197.4814万元。①

绿色制造取得新进展。绿色制造也称为环境意识制造,阜阳市深入贯彻落实工业转型升级,实现了绿色高质量发展的总体要求。阜阳市以建成长三角中心区产业转移优选地、中原地区新兴制造业基地、皖北制造业高质量发展引领区为目标,在工业领域深入贯彻绿色发展理念,加快构建绿色工厂、产品、园区、供应链"四位一体"高效、清洁、低碳、循环的绿色制造体系,形成了一批示范典型。安徽阜南经济开发区入选绿色园区名单,为阜阳市第2个国家级绿色园区;安徽澳德矿山机械设备科技股份有限公司、安徽冠泓塑业有限公司2家企业入选绿色工厂名单;安徽轰达电源有限公司的电动道路车辆用铅酸蓄电池等6项产品入选绿色设计产品名单;安徽华铂再生资源科技有限公司、界首市南都华宇电源有限公司和鸿电气股份有限公司3家企业入选绿色供应链管理企业名单,占全省2021年新增绿色供应链数量的一半。截至2022年1月,阜阳市已累计获评国家级绿色设计产品20项、绿色工厂11家、绿色园区2个、绿色供应链管理企业6家,省级绿色工厂17家,国家级绿色园区、绿色供应链管理企业入选总量均居全省第1,国家级绿色工

---

① 《阜阳市生态环境局落实生态环境监督执法正面清单动态管理 持续优化营商环境》,阜阳市人民政府网,https://www.fy.gov.cn/content/detail/65a097f0886688e65b8b4577.html。

厂总量居全省第4。^①阜阳市采取的这种将战略性和高新技术相结合来发展制造业的方式,给阜阳市的经济发展提供了广阔的发展空间。随着绿色制造理念的不断深化,绿色制造的体系也在不断完善,在技术领域、产品领域、能源领域都取得了相当大的进展,推进经济社会实现良性健康发展,为绿水青山增添了浓墨重彩的一笔。

绿色建筑建设和绿色植被覆盖率取得新突破。首先,推广建筑新工艺,节约能源。在房屋构建方面,尽可能使用可再生能源。由于宣传力度的加大,诸多企业提升了自身的节能意识,更大幅度地提升了能源的有效利用。截至2023年底,装配式建筑新开工335万平方米、占新建建筑面积的42%,绿色建筑建材产业产值达到550.4亿元。^②其次,增加城市植被覆盖率。在城区的各个主干道两旁增加绿植,净化城区的空气,让天更蓝、水更清。2023年阜阳完成营造林9.78万亩,其中人工造林7464亩、封山育林9374.8亩、退化林修复35088.7亩、森林抚育45830.8亩、阜城人均公园绿地面积18.45平方米,茨淮新河、颍河防护林入选省林业碳汇试点项目库。截至2024年3月,阜阳全市花卉总面积69.2万亩,总产值70.78亿元,从业人员5.4万余人,初步形成一批基础设施配套完善、产业相对集中、区域特色明显的现代花卉基地,建成"中国苗木(花卉)特色产业示范区"。此外,根据《阜阳市创建林长制改革示范区规划方案(2019—2025)》,到2025年,全市森林覆盖率将超过21%,林木总蓄积量达到1350万立方米以上,湿地保护率不低于52%,为阜阳高质量发展厚植绿色和底色。

---

① 《我市绿色制造体系建设取得新突破》,阜阳市人民政府网,https://jxj.fy.gov.cn/content/detail/61f1e4b1886688d81b8b456c.html。

② 《阜阳市2024年政府工作报告》,阜阳市人民政府网,https://www.fy.gov.cn/openness/detail/content/65c42acd88668888468b456a.html。

阜阳市"十三五"时期林业改革发展主要成就①

"十三五"以来,我市林业迎来建设发展的黄金时代,全市各级林业部门坚持以习近平新时代中国特色社会主义思想为指导,全面贯彻落实习近平总书记考察安徽重要讲话指示精神,在市委、市政府的坚强领导下,扎实开展林长制改革,全面实施林业增绿增效和"四旁四边四创"国土绿化行动,大力推进生态阜阳建设,全市林业改革发展取得显著成效。

第一,森林资源持续增长。通过持续开展林业增绿增效和"四旁四边四创"国土绿化提升行动,累计完成成片造林39万亩,森林抚育160万亩,创建省级森林城市2个,森林城镇51个,森林村庄449个,建设森林长廊示范段523.2千米。全市有林地面积达到302万亩,较2015年增加25万亩,活立木总蓄积达到1310万立方米,较2015年增长86.1万立方米,森林覆盖率达到20.1%,较2015年增长2.18个百分点,实现了有林地面积、活立木蓄积、森林覆盖率"三增长"。

第二,林业产业集聚发展。以林业产业化龙头企业和现代林业示范区创建为抓手,加快培育新型林业经营主体,培育出阜南县后湖家庭农场等特色经果林基地、临泉县四方红等木本油料基地、阜南县圣象木业、黄岗柳编等木竹加工和柳编产业集群。全市国家林业重点龙头企业新增到3家;省级林业产业化龙头企业发展到74家,较2015年增加43家;市级林业产业化龙头企业发展到147家,较2015年增加64家。先后创建省级现代林业示范区8家,市级现代林业示范区18家。2019年,全市林业产值达到387.7亿元,较2015年增长58.24%。

---

① 阜阳市林业局:《阜阳市"十三五"时期林业改革发展主要成就》,阜阳市人民政府网,http:// ly.fy.gov.cn/content/detail/5ff2c0077f8b9a1a1e8b4572.html。

第三,花卉产业蓬勃兴起。以规划为引领,以政策为推动,着力把花卉产业打造成国民经济的支柱产业。成功举办了第一届"中国杯"组合盆栽大赛、第十届中国月季展览会、第七届安徽省花博会和第一届、第二届阜阳市花博会等高规格、大规模花事盛会,促进交流融合,推动产业发展。全市花卉种植面积达到83.98万亩,花卉企业发展到1453家,大美阳光花卉港、太和郭庙花卉苗木产业园、皖西北花木城等辐射信阳、周口、淮北、亳州、蚌埠等周边地市,年交易额达11.9亿元,阜阳千花汇商贸有限公司鲜花日均发货2万单以上,网销总量占全国的20%,皖西北花卉产业集散地初步形成。

第四,林业改革不断深化。深入实施林长制改革,加快推进林长制"五个一"和信息化平台建设,大力创建林长制改革示范区先行区,全市共设立各级林长7080名,出台配套制度43个,建立"一林一档"7080份,编制"一林一策"4055份,落实"一林一技"695人、"一林一警"294人、"一林一员"5564人,组建群众性护林组织1053个,实现林长制"五个一"服务全覆盖,初步形成"市县林长抓示范、乡村林长抓落实、社会林长抓监督"社会各界共同参与推进林长制改革的良好局面。

第五,生态屏障筑牢加密。加强自然保护地管理,出台《阜阳市湿地保护与修复工作实施方案》《阜阳市湿地保护规划(2017—2030年)》,深入开展全市自然保护地整合优化工作,加强自然保护地管理,全市拥有省级自然保护区2处;国家级湿地公园6处,较2015年增加4处,占全省的21%;省级湿地公园6处,占全省的24%。加强公益林管理,出台了《阜阳市公益林管理办法》和《阜阳市公益林区划界定办法》,新增划定市级公益林11.41万亩,落实生态补偿资金300余万元,生态系统得到有效保护。

阜阳市"十四五"时期林业改革发展目标[①]

第一,总体目标。以深化新一轮林长制改革,积极探索"平原林业"发展方向为目标,全面加强林业生态资源保护,扎实开展国土绿化美化和森林质量提升,稳定林业资源总量,提升林业资源质量,促进林业高质量发展;强化湿地资源保护和修复,打造淮河、 河分洪道、洪河、颍河、泉河等湿地保护样板;积极推进林业产业发展,以培育林业产业化龙头企业为重点,突出花卉产业,做强供应链、拉长产业链,促进一二三产融合发展。着力将经济发展与生态保护相结合,最大化发挥林业生态、经济、社会效益,打造宜居宜业的生态阜阳。

第二,具体目标:①森林覆盖率:到2025年,全市森林覆盖率保持在20.1%以上。②林木蓄积量:到2025年,全市林木蓄积量保持在1350万立方米以上。③湿地保护率:到2025年,湿地保护率达到53%。④林业有害生物成灾控制率:5.6‰以下。⑤到2025年,创建国家森林城市1个,省级森林城市1个、森林城镇20个、森林村庄150个。⑥林业产业产值:到2025年林业产业产值达到500亿元。

农业绿色高效技术模式取得新成就。第一,农药化肥等在农作物投入上逐步降低,保护了阜阳市土质,保证了土壤肥沃性。在保证农作物产量和品质的前提下,大力推广使用有机肥,尽可能减少农药化肥等的投入,降低了农民在肥料上的成本,增加了农民的收入,促进了可持续发展。同时根据不同区域的土质来合理调配肥料,因地制宜,具体问题具体分析,保证了当

[①] 《阜阳市林业保护发展"十四五"规划》,阜阳市人民政府网,https://www.yingquan.gov.cn/xxgk/detail/630f1997886688a86c8b456b.html。

地土壤肥沃性和水质纯净性，既取得了不错收益，也维护了生态环境。第二，羊场养殖生态技术规模化提升。通过规模化养羊，母羊和公羊的筛选更加科学化，促进母羊的存活率、分娩率逐步提升，小羊存活率进一步提高。此外，合理规划当地秸秆，降低了养羊饲料成本。第三，综合利用畜禽粪便资源，提升了社会效益和经济效益。将畜禽粪便综合利用，既避免了环境的污染，也保护了生态环境。售卖畜禽的有机肥给养殖场也增加了额外的收益，每吨售价1200元左右，同养殖场所花的电费与雇工费基本可以持平。第四，在绿色食品制造上取得新突破。截至2023年底，阜阳市农产品加工业产值、绿色食品全产业链产值分别达到2600亿元、1350亿元；肉牛饲养量达到50万头、肉牛产业全产业链产值达到130亿元；培育"皖美农品"品牌10个，认证"两品一标"农产品40个；农村产品网销额达到130亿元。①

（二）存在的问题

由于诸多方面的原因，阜阳市在落实绿色发展理念上也存在一些问题，主要包括以下几个方面。

在污染治理方面。第一，未突出点面结合。在排查污染物和开发区环境方面，未做到全面覆盖、重点突出，致使有关工作人员，虽然花费了人力、物力、财力，但没有取得相应的成效，使得治污之路道阻且长。第二，老百姓垃圾分类意识缺乏，实行"一刀切"。首先，不少老百姓不懂得垃圾应该如何分类，垃圾的分类方法也从涉及。其次，社区内也鲜少提供分类详细的垃圾桶，即使有老百姓进行垃圾分类，也不能正确投放。最后，缺乏垃圾分类的相关法规，垃圾分类得不到有效维持。第三，长效机制和考核机制不够健

---

① 《阜阳市2024年政府工作报告》，阜阳市人民政府网，https://www.fy.gov.cn/openness/detail/content/65c42acd88668888468b456a.html。

全。未能制定出综合治理污染的长效机制,导致污染处理的时间过于漫长,效率低下,增加了处理的成本,不利于可持续发展。在对待开发区环境污染问题上,未能纳入规范的环境考核机制中,破坏了开发区的生态环境。

在绿色建筑方面。第一,个别单位存在质量监督问题,工程施工未得到有关部门的许可。部分施工单位的质量管理责任制未得到全面贯彻落实,部分部门经理、项目负责人未履行自己的职责,存在缺岗现象。同时部分项目存在施工安全问题,未按照有关专业技术人员的方案进行操作,且项目的收工较为粗糙,未经过有关质检人员的安全检测就草草完工。第二,部分建筑不达标。部分项目的外墙保温材料检验不符合规定,结构实体检测的结果也达不到要求;部分项目的混凝土构件成型差,存在蜂窝、开裂等现象;个别项目在质量标准化措施上,太过注重形式,在实际操作上达不到要求。第三,部分建筑材料不合格。部分项目在原材料提供上存在纰漏,个别项目未提供材料就已开始施工;部分监工单位在工程质量检验上存在疏忽,没有严格进行检测,导致出现个别豆腐渣工程。

在生态自然保护区方面。第一,存在布局不合理现象。在自然保护区内,有一些人口密集区,对自然保护区的维护存在人为破坏的隐患。第二,审批程序有待完善。阜阳市对某些自然保护区的审批程序存在一定漏洞,导致很多自然保护区未能得到有效防护。第三,管理有待加强。由于对自然保护区的管理上存在疏漏,导致一些自然保护区的撤销、批准太过随意。

在农业发展方面存在农业指望"一网就灵"现象。随着互联网时代的发展,"互联网+农业"逐渐兴起,但是农业全靠互联网会出现一些问题。第一,农产品难以卖出的问题互联网难以从根本上解决。农产品本身存在特殊性,一种产品的销售好了,其替代品的销量意味着下降;一部分农户的产品卖出了,意味着另一部分农户的产品滞销。第二,互联网取代农民的想法脱离现实。互联网在农业的深入使用,必须引进高新技术人才,这会大大增加农业的生产成本。农作物的生长过程中,也存在不确定的因素,比如出现洪涝灾害,这些问题仅仅依靠互联网无法解决。

三、阜阳市落实绿色发展理念的经验启示

阜阳市在落实绿色发展理念上取得了诸多成效,形成了有效贯彻落实绿色发展理念的诸多经验,不仅为阜阳市"十四五"时期继续坚持绿色发展理念提供了参考,也为其他地区贯彻落实绿色发展理念提供了有益借鉴。

第一,绿色攻坚,防治污染。习近平指出,在保护生态环境问题上,"一定要算大账、算长远账、算整体账、算综合账,如果因小失大、顾此失彼,最终必然对生态环境造成系统性、长期性破坏"[①]。阜阳市深入学习和坚决贯彻习近平生态文明思想,牢牢把握其精神实质,高度重视对生态环境的保护,针对不同的生态环境问题,采取不同的做法,做到具体问题具体分析,坚持精准施策、对症下药。各个单位也积极强化担责意识,将责任落到实处,切实改善了生态环境质量,大气污染、水污染、土壤污染等各种污染问题基本上都得到了有效解决,取得了污染防治攻坚战阶段性成果,推动阜阳市绿色发展迈上了新台阶。

第二,绿色制造,深化改革。这种制造方式采取了战略性和高新技术相结合的方式来发展,这打破了以往传统制造业的常规,不论是从产品的设计、原材料运输,还是制造的工艺、投入的技术等其他方面来说,都在传统制造业上更进了一步。例如,使用清洁能源,减少废弃物的排放,对污水排放

---

① 《习近平谈治国理政》(第三卷),北京:外文出版社2020年版,第363页。

标准进行严格的限制,整顿甚至关停污染较大的制造业。大力推广绿色制造业,给予绿色制造业一定的政策支持,是贯彻绿色发展理念的最重要举措。

第三,绿色新城,共谋发展。习近平指出:"每个人都是生态环境的保护者、建设者、受益者,没有哪个人是旁观者、局外人、批评家,谁也不能只说不做、置身事外。"①阜阳市积极贯彻落实党的二十大精神,严格按照国家安排,统筹各方面力量共谋阜阳绿色新城建设落实绿色文明城市发展的具体措施。对领导干部的违法乱纪行为采取零容忍的态度。阜阳市还鼓励市民参加全民健身、植树、绿色出行、扫雪铲雪等一系列活动,让市民真正参与共建绿色新城,感受到绿色文明城市的创建需要每个人的努力,增强了群众的参与感与认同感。同时,组织一些精神文明活动及技能的培训活动,强化党员干部自身能力,让其更好与市民交流沟通,为绿色文明城市的创建贡献了力量。

第四,绿色农业,高效管理。首先要坚持问题导向和科技引领。面对阜阳市农业可能存在的各种问题,采取综合治理的方式,重点解决突出型问题,找到问题的突破口,发现矛盾的根源,走可持续发展道路。大力推广科技入农,从传统型农业发展模式转向技术型农业发展模式,着力研发绿色农业的发展模式,推动传统农业模式转型升级,走向现代化。其次要坚持统筹推进政策创新。以试点先行区为中心,发挥其优势,将人力、财力、物力等各类资源进行整合和综合利用,从区域的整体出发,共同推进绿色农业向前发展。在原有的政策基础上进行政策创新,构建稳定的政策支持渠道,将阜阳市建设成为绿色农业先行示范区。最后要实行绿色高效管理。阜阳市在绿

---

① 《习近平谈治国理政》(第三卷),北京:外文出版社2020年版,第362页。

色高效管理方面采取了诸多有益做法。从种植小麦方面来看,创建绿色小麦的高质高效项目,创立绿色小麦核心示范区,给予一定的政策补贴,实行集约化管理,探索多种农产品共同培育的技术。例如在小麦的灌溉方面,采取喷灌、滴灌的方式,节约水资源,保护生态环境。还根据当地的生态及气候环境,整合出适宜小麦成长的良好的环境,推动小麦产量逐年升高。在水果、蔬菜、花卉等培育上,采用施肥一体化技术,降低了农民的生产成本,提高了农民的收入,推动绿色农业走上可持续发展道路。从蔬菜种植防病虫害方面来看,抓住病虫产生的源头,斩断传染路径将预防病虫害和控制病虫害技术结合起来,科学用药,尽量减少污染。做好生产前、生产中、生产后的病虫害应对和处理,推广绿色无公害生产。综上所述,坚持高效管理绿色农业是阜阳市在贯彻绿色发展理念过程中总结的重要经验,为其他地区现代化建设提供了有益借鉴。

总之,自贯彻落实绿色发展理念以来,阜阳市在政治、经济、文化等方面都取得了显著成效,市民生活水平有了明显提高。在新时代新征程,阜阳市应进一步深入学习贯彻习近平生态文明思想,"牢固树立和践行绿水青山就是金山银山的理念,坚持节约优先、保护优先、自然恢复为主的方针,坚定不移走生产发展、生活富裕、生态良好的文明发展道路"[1],努力建设人与自然和谐共生的现代化,建设望得见山、看得见水、记得住乡愁的美丽阜城。

---

[1] 中共中央宣传部:《习近平新时代中国特色社会主义思想学习纲要(2023年版)》,北京:学习出版社、人民出版社2023年版,第60页。

第五章
开放发展理念在阜阳的生动实践研究

"过去中国经济发展是在开放条件下取得的,未来中国经济发展也必须在更加开放的条件下进行。这是根据中国改革发展客观需要作出的自主选择,有利于推动经济高质量发展,有利于满足人民对美好生活的向往,有利于世界和平、稳定、发展。"①阜阳市在发展过程中积极贯彻开放发展理念,不断提高开放水平,大大促进了阜阳市经济社会发展。

一、阜阳市落实开放发展理念的具体做法

党的十八大以来,阜阳市积极贯彻落实开放发展理念,以开放经济发展为战略重点,实现了经济发展新跨越,对外贸易与交流合作持续深入发展,对外经济发展空间日趋扩大。

---

① 中共中央宣传部:《习近平新时代中国特色社会主义思想学习纲要(2023年版)》,北京:学习出版社、人民出版社2023年版,第97页。

（一）"承东启西"融入国家大战略

融入国家发展战略是实现地区发展的必要条件。在武汉、郑州、合肥、徐州、南京等大城市的围空区中，以阜阳中心城区为圆心，以100千米为半径，阜阳城市圈涵盖了皖、豫两省7个地级市的21个县（市、区），区域总面积3.4万平方千米，总人口近3000万人，最有基础成长为区域中心城市并带动周边地区协同发展。在这一背景下，对于阜阳市而言，融入国家发展大战略、构筑内外开放大平台意义重大。为此，阜阳市紧抓国家战略机遇，以主动融入国家发展大战略为契机，构建阜阳市对外发展新格局。2012年11月，阜阳正式作为国家中心城市纳入中原城市群发展规划，2019年10月15日，长三角城市经济协调会召开，阜阳正式"入长"。中原经济区是我国人口密度最大，经济实力较强的城市群，长三角是我国地区经济发达、开放程度最高、创新能力最强的地区之一。长三角区域一体化发展与中原经济区两大国家战略在安徽北部交汇，阜阳作为东部沿海经济发达地区向内陆地区延伸的"桥头堡"，不仅可以更便捷地融入长三角，也与中原经济区连接得更紧密。

阜阳纳入中原城市群后，积极推动阜阳建成现代医药产业基地、农副产品加工基地、区域性综合交通枢纽，增强引领区域发展的辐射带动能力，不仅仅提高了阜阳的经济发展空间，促进经济结构的战略性调整，加大了与其他中原城市之间的沟通联系，同时也将阜阳更好推广到外界，让更多的人了解了阜阳，提升了阜阳的知名度。加入中原城市群后，阜阳与中原城市抱团发展，增强引领区域发展的辐射带动能力，各市域之间能够协作配合，优势互补，有力推动了皖北地区的发展，带动了阜阳的发展，也给资源转化和利用打造了更广阔的舞台。

　　长三角一体化发展战略赋予阜阳区位发展格局新定位。阜阳"入长"以来，主动参与长三角分工协作，积极承接产业转移。其中包括提升基础设施互联互通水平，提出"1+7"平台打造长三角产业转移优选地，以1个省级承接产业转移集聚试验区为核心，7个市级承接产业转移集聚试验区为支撑，打造长三角产业转移优选地。在优化产业转移上，深入实施五年行动计划，构建"554"产业发展格局。打造并壮大装备制造、节能环保、绿色建筑建材、能源化工、绿色食品五大主导产业集聚群，培育数字经济、楼宇经济、生命健康和前沿新材料四大高成长性产业。颍州区紧抓发展机遇，将磁性材料产业作为主导产业发展，制定了磁性材料产业发展规划，投资建设了磁性材料产业园。

　　2023年6月，阜阳市全域又与周边毗邻13个县（市、区）签署《阜阳城市圈城市合作协议》，进入协同合作新发展阶段。"融圈建群"后的阜阳，将成为各类要素资源和经济社会活动最频繁、最活跃的汇聚地之一，人流、物流、信息流、资金流、技术流涌动。阜阳城市圈建立居民服务"一卡通"，在交通出行、旅游观光、文化体验等方面享受"同城待遇"，推动阜阳与13个毗邻县市区实现公共服务共建共享。推进阜阳城市圈一体化发展，对整合区域优势资源、提升发展潜力，助推经济社会高质量发展具有重要意义。总之，"阜阳市将与毗邻13个兄弟城市相互赋能彼此成就，相互加持共同出彩，协同共建城市圈一体化发展新格局，协同推动生态环境共保联治，协同推进基础设施互联互通，协同深化产业联动创新发展，协同促进公共服务共建共享，协同推动更高水平开放合作，开创阜阳城市圈更加辉煌的未来"[①]。

---

　　①　《阜阳城市圈一体化发展跑出"加速度"》，新华网，http://www.ah.xinhuanet.com/20240518/9f4d80805ce743ec8d3241821b1a725/c.html。

（二）便利交通增添经济新引擎

交通是经济发展的命脉所在。"要想富,先修路。"阜阳市积极打造"综合立体的区域性交通强市"[①],交通便利化程度不断提高。特别是高铁的高速发展,牵动着沿途县市的神经。为促进开放发展,阜阳市一方面聚焦提升城市圈基础设施连接性贯通性,加速构建内联外畅的立体交通格局。重点实施徐淮阜城际铁路、京九客专、南驻阜铁路、沿淮铁路等,加快实施合周高速、徐淮阜高速、S238王家坝淮河特大桥、S252曹集淮河特大桥等城际干线公路网,推动淮河、沙颍河、洪河、泉河等航道网络互联互通,共同构建布局合理、功能完善、协调配套、高效便捷的现代化基础设施网络体系。此外,阜阳城市圈着力互联互通,共建长三角三小时交通圈和综合性交通枢纽。加快合周高速、徐州至淮北至阜阳高速、宿迁至阜阳至遂平高速等高速公路建设,构建与亳州、周口、驻马店等城市1小时"通勤圈"。另一方面充分发挥阜阳城市圈"铁公机水"四位一体综合交通优势,聚焦打造水运物流枢纽,抢抓江淮运河通航机遇,整合优化港口物流资源,建成通江达海的现代化综合港口群。如今,阜阳加快建设大通道、大平台、大通关,依托日编组能力4.6万辆的阜阳北编组站,建设安徽(阜阳)铁路国际物流港,更好链接国内国际双循环;规划建设的京港、京台高铁交会于此,阜阳在全国交通主轴中的重要节点地位更加凸显;发挥江淮运河与长江黄金水道联运优势,启动建设三角洲综合航运交通工程,打造江淮干线航运枢纽,努力再现隋唐大运河的历史风采。[②]总之,便利的交通,有利于阜阳与外商之间的双向招商引资,扩大阜

---

① 刘玉杰:《加快建设"三地一区""十个区域性强市"》,新华网,http://ah.news.cn/20240313/024bbd29a99a45a6bd48865ba69f7bc8/c.html。

② 胡明文:《习近平总书记考察过的城市——阜阳》,《学习时报》2024年8月16日。

阳的影响力,更有效地落实开放发展理念,促进阜阳开放型经济水平建设。

阜阳市立足新发展机遇,积极谋划经济发展方略。阜阳市借助高铁建设,聚焦结构优化升级,建设高铁"互联网小镇",大力扶持本土企业,将具有阜阳特色且有文化底蕴的商品及艺术通过高铁进行宣传。将刻铜、剪纸、彩陶等具有阜阳传统特色艺术品融入高铁场站中,结合"精品安徽、央视宣传"活动,将阜阳知名企业参与动车组冠名,在一定程度上有利于外界通过乘坐高铁了解到阜阳,带动阜阳的对外发展,为阜阳市承接大型会议、会展提供了基础条件。

(三)加强招商引资,扩大对外合作

在融入长三角、高铁全覆盖的大环境下,阜阳市将招商引资作为阜阳发展的一项重要工作,以此扩大对外开放,吸引市外投资者来阜投资兴产。

阜阳市积极进行招商引资,并结合自身实际,制定了相关招商引资政策,包括对新建项目予以资金与产业扶持,制定奖励机制,提供招商引资平台,从而方便了解讯息与项目政策,密切与客商及外界的联系。企业在政府政策的支持与帮扶下,得到了更多更有利的发展条件,解决了融资不畅通等方面问题。同时,阜阳为更好的引进外来企业与人才,从土地、税费、财政、人才、开发区等方面制定出台了优惠政策,对外商投资企业给予多方面的扶持与资助,对有突出贡献的人才及引进人才给予住房及政府特殊津贴,让更多的人才落户阜阳,更好为阜阳的发展献计献策。此外,阜阳市也实施了相关奖励措施,对引进本市以外的客商来本市投资成功的,对引资以实际到位资金按比例实行一次性奖励。这为阜阳市在招商引资过程中招揽人才,增添了发展红利。

颍上县持续招商引资 多举措优化营商环境①

打造招商引资"强磁场"。2023年招商引资累计接待280余次,外出考察50余次,招商引资签约项目27个,协议引资额170.1亿元;全区纳统项目24个,总投资40亿元,其中新开工投资亿元以上纳统制造业项目14个,投资亿元以上制造业竣工项目3个。颍上经开区工业总产值同比增长17.2%,工业增加值同比增长18.1%,固定资产投资同比增长8.4%。

织密营商环境"满意网"。配备专职网格员,通过实地走访、上门服务等方式收集企业问题,着力解决企业发展难点、痛点和堵点。2023年,颍上经开区共收集解决企业用工、融资、用水、用电等诉求117个;组织召开银企对接会3次,为29家企业办理"园区贷"业务,帮助解决流动资金1.45亿元;开展供应链融资业务,服务经开区企业28家,投放融资金额约10.47亿元。

顶格推进审批"一章办"。承接县级赋权60项,实行"一枚公章管审批",落实帮办代办服务。2023年,颍上经开区行政审批服务中心"工改窗口"共完成项目立项99件,建设用地规划许可、工程规划许可、施工许可、规划核实、消防验收、竣工验收备案等各类审批187件,"帮办代办"完成各类企业登记注册、变更、注销337件。

(四)构建开放平台,助推内陆开放

阜阳市作为内陆地区,开放型经济提质增效是阜阳市后发赶超的有效途径。阜阳市以建设开放平台、开放口岸等多项举措,为引领皖北对外开放提供保障。

---

① 《颍上县持续招商引资 多举措优化营商环境》,颍上县人民政府网,https://www.fy.gov.cn/openness/detail/content/66013c18886688ac5b8b4567.html。

在提升开放平台方面,阜阳市集中力量抓好会展经济开发开放平台建设。2012年,阜阳市首次提出了会展经济的思路与理念,采用"以展促贸"的形式加快商贸物流名城建设,不仅在会展上吸引了一大批客商落户阜阳,而且更好地将阜阳推介出去,使阜阳的展会品牌走向成熟。自阜阳市会展经济开展以来,为有效推动阜阳"走出去",阜阳市不断扩大会展规模与形式,提高自身会展承办能力。同时,阜阳市不断深化与长三角地区开放合作,积极参与城市间产业分工合作。主动对接各大电商平台与企业,不仅自身承办组织会展工作,而且积极参与各大展会,吸引了一大批国内外客商,有效提升了阜阳经济发展与对外合作水平,使阜阳市知名度得到进一步提高。此外,阜阳市高起点建设保税物流中心,打造区域性保税物流集散基地,积极申建进境商品指定监管场地、综合保税区、出口加工区等海关特殊监管场所。推进航空口岸开放及国际直航包机,加快航空口岸软硬件建设。积极开辟铁海联运班线,提升国际集装箱运输服务水平。承接"合新欧+"辐射,打造中欧班列集结地。

在开放口岸上,阜阳市加快互联互通口岸通道建设。为有效进行境外合作,阜阳市提升口岸开放功能,不仅申建了国家进境肉类指定口岸、颍州港水运二类口岸、阜阳机场航空口岸、B型保税物流中心等,而且扩大了阜阳到宁波舟山港铁海联运集装箱货运班列开行量与货运量,开通颍州港至宜兴和太仓水运集装箱货船。通过推广一站式作业和关检合作"三个一"等新型通关模式,加快电子口岸公共平台与国际贸易"单一窗口"建设,不断加快构建对外开放通道路径,以开放发展理念引领对外开放。

2023年上半年阜阳市进出口总额增长23.5%[①]

记者从阜阳海关获悉,2023年上半年,全市进出口总额73.57亿元人民币,比去年同期增长23.5%。其中,出口66.35亿元,增长35.02%;进口7.22亿元,下降30.8%。

民营经济继续发挥主力军作用。1—6月份,全市民营经济进出口总值达65.5亿元,占全市进出口总值的89%,同比增长34.9%。

从进出口商品看,我市主要出口商品总体形势向好,机电产品增幅明显。1—6月份,全市劳动密集型产品出口24.7亿元,同比增长22.4%;家具及其零件出口14.6亿元,同比增长39.7%;文化产品出口11.3亿元,同比增长38.4%;机电产品出口10.6亿元,同比增长163.4%。

部分产品进口出现下滑。其中,农产品进口1.3亿元,同比下降50.7%;基本有机化学品进口1.1亿元,同比下降12.6%。

(五)挖掘开放文化,推动旅游开发

充分挖掘阜阳文化,推动阜阳旅游业开发是阜阳市贯彻开放发展理念的又一重大举措。阜阳市拥有深厚的历史积淀与丰富的人文景观,文化旅游市场在社会上越来越受到人们的欢迎,促进了阜阳经济发展,提高了阜阳市对外交往能力。为有效挖掘文化资源建设,阜阳市借助市场的力量,采取政府监管与企业投资方式,推动了阜阳文化旅游的大发展。近年来,颍州西湖、颍上八里河、尤家花园及程文炳宅院等旅游景点不断为外界所熟知,吸引了一大批游客前来观赏。不仅一些生态历史文化不断被挖掘,而且红色

---

① 郝思雅、王辉:《上半年阜阳市进出口总额增长23.5%》,新华网,http://www.ah.xinhuanet.com/20230814/9def798edb1c46beb7880e7baacc1bf7/c.html。

旅游资源也得到有效开发利用,如太和烈士纪念馆、杨虎城旧居、颍泉区邵营四九烈士馆等。总之,在阜阳市委、市政府的大力支持下,阜阳市各地文化名胜不断得到开发,旅游景点的开发与宣传正逐渐成为展示阜阳市文化的旅游名片。

二、阜阳市落实开放发展理念取得的成效与存在的问题

新时代历史条件下,阜阳市稳步落实开放发展理念,为努力建设现代化美好阜阳提供催化剂。阜阳市落实开放发展理念以来,经济实现快速发展,对外开放合作步伐正在加速发展,阜阳知名度也在不断提高。开放发展理念在阜阳的落实为阜阳带来了诸多利好。同时,我们也应当看到,在落实开放发展理念的过程中,阜阳市对外发展还存在不同程度上的问题,需要引起我们的注意。只有不断完善阜阳开放发展机制,阜阳市才能在现代化道路上行稳致远。

(一)阜阳市落实开放发展理念取得的成效

1.经济快速发展,发展后劲增强

贯彻开放发展理念的几年来,阜阳市经济社会发展总体呈现稳中向好、持续健康发展态势,经济结构不断优化,发展质量显著提升,健步迈入高质量发展的新轨道。正是由于坚持开放发展理念,以开放促发展,经济发展实现新跨越,经济的增速发展为阜阳开放发展增强了后劲,推动对外贸易持续健康发展。

表5-1 阜阳市主要年份进出口贸易总额分布表① 单位:万美元

年份	进出口总额	出口额	进口额	进出口总额
1990	370	228	142	86
1995	5952	3964	1988	1976
2000	3698	2395	1303	1092
2005	12515	6672	5843	829
2010	35575	28265	7310	20955
2011	64678	50677	14001	36676
2012	109718	89565	20153	69412
2013	136559	111401	25157	86244
2014	161012	145277	15735	129542
2015	149578	135248	14330	120918
2016	112334	100508	11826	88682
2017	110960	96399	14561	81839
2018	137723	118892	18831	100061
2019	157204	132662	24542	108120
2020	166601	135963	30638	105325
2021	214007	172198	41808	130390
2022	203610	175439	28171	147268

从上表可以看出,阜阳2008—2022年对外贸易发展总体向好。进出口总额逐年稳步提升,2022年达到203610万美元。从2011年开始,进出口总额增长幅度出现快速发展,2022年再创历史新高。此外,由于共建"一带一路"推动了经济的快速发展,给中国及周边国家带来了经济效益,2016—2017年阜阳市对外贸易出现了明显程度上的贸易逆差。

2.开放合作取得新进展

近年来,阜阳市在省委、省政府的领导下,紧抓国内国外发展机遇,贯彻

---

① 阜阳市统计局、国家统计局阜阳调查队编:《2023年阜阳统计年鉴》,阜阳市人民政府网,https://tjj.fy.gov.cn/content/detail/65767c0b8866887d658b4569.html。

落实开放发展理念,充分发挥自身优势,重视口岸建设,提高口岸物流水平,降低物流运输成本。同时,以会展经济为支撑,广泛开展对外交流合作,吸引外商投资兴产,带动开放合作的同时,也为阜阳经济的提升与影响力的凝聚提供了保障。

(1)会展经济助力阜阳开放发展

会展经济的急剧升温为阜阳市对外开放发展增添了新力量。会展经济在阜阳开放发展格局中功能日益凸显。2012年阜阳市提出要大力发展会展经济,阜阳市以会展经济为支撑,推动阜阳内外交流联动,带动阜阳经济持续健康发展。自提出会展经济以来,阜阳市会展经济得到多方面发展,承办能力不断提升。目前,阜阳市已形成4个大规模的会展场馆:1.5万平方米的阜阳国际会展中心、3万平方米的阜阳·临沂商城展销中心、1.6万平方米的华源物流园会展中心和2.4万平方米的阜阳市体育中心。同时参加的规模也不断提升,仅2019年阜阳市组团参加的规模较大的展会就包括第29届华交会、第125届及126届广交会、2019世界制造业大会和第二届中国国际进口博览会。

一系列会展活动的开展,不仅促进了阜阳会展经济逐步走向成熟,为经济发展创建对外交流平台,同时吸引众多国内外参会参展客商来阜投资兴产,阜阳市知名度得到很大提高。就2023年阜阳市参加的展会来看,在第六届进博会上,阜阳市及时组建阜阳交易分团,共组织209家企业、309名专业采购商参会,注册企业和人数同比增长一半以上,参会规模创历史新高。积极组织开展线上线下成交意向摸排工作,各地采购商积极响应,参加展前供需对接会3场、招商路演1场,会前初步意向成交企业数达75家,累计意向成交金额突破3.7亿美元,同比增长48%。[1]在2023年4月的第133届广交会上,84家参展企业共拥有166个展位,涉及编织及藤铁工艺品、园林用品、纺织、医药保健品及医疗器械、食品等19个展区。第一期5天集中展示,阜阳市参展企业达成意向订单约6000万美元。其中,安徽巨邦香料有限公司,询单客户较多,意向成交额达4000万美元。[2]

阜阳"智造"闪耀世界制造业大会[3]

9月20日至24日,以"智造世界创造美好"为主题的2023世界制造业大会在合肥举行,8万平方米展区,集中展示了全球制造业领域最新代表性成果。包括阜阳海钠科技、欣奕华材料、阜兴新能源等在内的我市27家制造企业在大会上精彩亮相,展示了阜阳制造的"硬核"实力和科技水平。

"本次参会的阜阳企业,涵盖新能源汽车、新型显示和集成电路、光伏、智能装备、数字化转型等多个制造业前沿板块,不仅展现了阜阳制造的实力,也凸显了阜阳制造业加速向'智'升级的进程。"市经信局相关负责人表示。

位于新能源汽车展区的阜阳海钠科技有限责任公司,展示了自主研发生产的"钠离子电池"。"作为极具潜力的新一代电化学储能电池技术,钠离子电池正加速走向产业化。"阜阳海钠科技相关负责人表示,去年底,公司在阜阳经开区实现了全球首条GWh级钠离子电池生产线产品下线,眼下正加紧扩大产能,力争在产业化上取得更大成绩。

---

① 郝思雅、段惟宸:《阜阳交易分团意向成交额比上届增长近五成》,《阜阳日报》2023年11月13日。

② 郝思雅、尹欣欣:《我市84家企业亮相第133届广交会》,《阜阳日报》2023年4月21日。

③ 任秉文、王强:《阜阳"智造"闪耀世界制造业大会》,《阜阳日报》2023年9月28日。

在新型显示和集成电路展区，安徽目氪高新技术有限公司展示的"三色激光智能家用投影仪"吸引了众多观展者的目光。去年底，连续两年登上全球"独角兽"榜单的深圳市火乐科技发展有限公司牵手阜阳，在阜注册全资子公司——安徽目氪高新技术，进一步扩大生产。今年4月项目进场装修、6月调试生产、7月正式投产并申报规上企业，两个月生产投影仪6000余台，今年有望实现产值6亿元。

由阜阳本土培养的"独角兽"——阜阳欣奕华材料科技有限公司，带来了自主研发生产的"光刻胶OLED材料"。在阜阳市委市政府、阜合园区及有关部门的支持下，企业发展势头良好，今年前7月实现销售收入3.67亿元，同比增长57.5%，预计全年可实现销售收入7亿元、光刻胶出货量超3000吨，稳居国内"头把交椅"。

在数字化转型展区，吉祥三宝高科纺织有限公司和天邦食品股份有限公司展示的"数字化车间""VR元宇宙"让人眼前一亮。近年来，我市着力推动数字赋能，实施制造业数字化转型行动，越来越多的企业在数字化转型中迈向更广阔的市场。

高端装备制造被称为"工业制造皇冠上的明珠"。近年来，阜阳坚持以工业投资千亿计划和"三个百亿"行动支撑制造业"倍增"和二产提质扩量增效，锚定八大先进制造业发展目标，大力实施优势产业壮大、优质企业引育、开发园区效益提升行动，一体推进短板产业补链、优势产业延链、传统产业升链、新兴产业建链，取得积极成效。

本次大会上，纽龙船舶动力（阜南）有限公司"船用发动机、部件制造气缸套"在智能装备展区参展，安徽阳宏橡胶机械有限公司的"75L强力加压密炼机、22寸开炼机"、安徽金骏感应加热设备有限公司的"高频、中频、超音频感应加热电源"等在高端装备制造展区集中亮相，展示了阜阳智能装备和高端装备制造的不俗实力。

量子信息作为未来产业创新的前沿领域,正吸引越来越多高技术公司布局。位于阜合园区的安徽鲲腾云玺信息科技有限公司带来的"量子安全云智能印章、量子安全办公PC一体机"亮相量子信息展区,展示了阜阳企业的核心技术及创新能力。

此外,阜兴新能源、天能电池集团也在本次大会上展出了最新研发生产的N型直拉单晶硅棒、N型210太阳能单晶硅片、真黑金6-DZF-22.3、钠离子方形电芯70AH等产品……向参会来宾展示了阜阳"智造"的独特魅力。

(2)口岸建设为阜阳开放发展创建平台

在互联互通方面,口岸是对外贸易的重要通道,影响对外贸易规模与开放程度。在2018年6月26日,阜阳口岸正式加挂中欧班列,同年11月与宁波港铁路有限公司签约,极大地推动了宁波铁海联运工作的开展,提高了阜阳口岸物流水平、降低实体企业特别是外贸、外经企业的物流成本。

口岸建设对于新形势下阜阳不断扩大对外开放、提升综合实力具有重大意义。2011—2015年,全市集装箱运输总量从1241标准箱增加到6595标准箱,增长4.3倍,人均递增52%;进出口总量从1.88万吨增至6.8万吨,年均递增38%;进出口总值从6.47亿美元增至14.96亿美元,年均递增23%。全市累计实现进出口总值62.2亿美元,是"十一五"时期的6.1倍。2015年,外贸备案企业已突破1000家,发生实绩企业335家,其中进出口额超百万美元的企业204家,各类原产地签证备案企业248家,实际签证企业166家。据海关总署测算,在进出口整体通关时间压缩逾五成基础上,2019年3月进口整体通关时间压缩为42.08小时,较去年12月又缩短0.42小时;出口整体通关时间为4.43小时,又缩短0.33小时。①口岸建设为阜阳对外贸易提供了便捷通道,缩短了运输周期,拓展了物流发展空间,为阜阳经济效益提供保障,为对外开放提供了良好契机。

开放型经济高质量发展工程②

申建海关监管场所高起点建设保税物流中心(B型),精准对接消费需求,建设以水果、肉类冻品为主的仓储物流,并在保税物流中心(B型)的基础上申建水果、肉类海关指定监管场地以及进境商品延展中心。保税物流中心(B型)建设着眼于未来发展需要,建设用地选址为升级为综合保税区预留发展空间,做好承接中国(安徽)自贸试验区辐射的准备,全面提升我市外向型经济发展水平。

积极发展外贸新业态 培育发展跨境电子商务,建成2家以上省级跨境电商企业、3个省级跨境电商产业园,争创1~2家国家级跨境电商示范园区。引进1~2家行业50强跨境电商平台。发挥阜南颐高、太和马集跨境电商产业园示范引领作用,建成5个市级跨境电商产业示范园,实现跨境电商产业示范园全覆盖。支持市场贸易采购业务试点、进口贸易创新促进试点和跨境电商零售进口试点申报。

完善提升口岸功能 加快口岸基础设施建设,全面提升口岸发展水平。夯实铁海联运,空铁联运等多式联运基础,做大做强阜阳口岸出海通道,为构建阜阳重要物流节点城市提供有力支撑。积极申建阜阳机场开放航空口岸,开通国际直航包机,打通阜阳口岸的国际航空通道,构建阜阳口岸铁空

---

① 《阜阳市国民经济和社会发展第十四个五年规划和2035年远景目标纲要》,阜阳市人民政府网,https://www.ah.gov.cn/public/1681/554074261.html。
② 方松高:《我市编制〈阜阳市"十三五"口岸发展规划〉》,《颍州晚报》2017年3月3日。

立体国际通道。

推动外资外经稳健发展、着力稳住利用外资基本盘,推进精准招商、产业链招商、以商招商,主动承接"长三角"地区外商投资企业转移。创新利用外资方式和工作机制,支持企业扩大对外投资,推动装备、技术、标准、服务走出去,扩大"走出去"的规模和水平,深化与境外经贸合作园区对接合作。加强国际劳务市场合作,做大做强太和、临泉、界首三个对外劳务合作平台,鼓励有实力、信誉好的企业拓展"一带一路"市场。

实施外贸基地发展壮大计划、巩固提升太和发制品、阜南柳木2个国家级外贸转型升级基地,到2025年,太和发制品基地入驻企业突破160家,年进出口总值突破4亿美元;阜南柳木基地入驻企业突破300家,年进出口总值突破5亿美元。建成太和薄荷、界首服装、界首(或临泉)食品3个省级外贸转型升级基地。

加强与自贸试验区创新联动复制推广自贸试验区经验,对接安徽(中国)自贸试验区,争创自贸试验区联动创新区。加强开放平台载体建设,深化投资领域改革,优化贸易监管服务体系,推动贸易高质量发展,深化金融领域开放创新,推动产业优化升级。

3.招商引资能力大大提高

招商引资是阜阳市扩大对外开放的重要手段,阜阳市认真贯彻落实开放发展理念,扎实推进招商各项工作,呼吁全民招商,坚持综合施策,科学指导,有效落实,招商引资工作不断取得实质性进展。项目是招商引资的关键,大项目更是重中之重。随着一批大项目纷纷落户阜阳,阜阳市经济发展迈上了新台阶。以2019年1—3月阜阳市招商引资情况为例,在谈项目方面,1—3月全市在谈招商项目181个,总投资633.2亿元,其中工业项目138

个,占项目个数的76.2%。具体来看,有4个县区上报在谈项目数超过20个,分别是临泉县37个、颍州区29个、阜南县25个、太和县20个,有3个县区上报在谈项目数少于10个,分别是颍东区8个、阜合现代产业园区8个、市开发区7个。在签约项目方面,1—3月全市签约招商项目95个,总投资267.4亿元,其中工业项目76个,占总项目个数的80%。具体来看,有4个县区上报在谈项目数超过10个,分别是临泉县23个,阜南县21个、太和县11个、颍泉区10个,其中上报签约项目数较少的有阜合现代产业园区4个、市开发区3个、颍东区2个。在新开工项目方面,1—3月全市新开工招商项目共81个,总投资230.6亿元,到位资金33.8亿元,其中工业项目67个,占项目个数的82.7%,到位资金20.6亿元,占新开工项目到位资金的60.9%。具体来看,有3个县上报新开工项目超过10个,分别是临泉县21个、阜南县21个、太和县11个。①2022年在建项目1434个(不含房地产开发项目),比上年增加121个。其中,5000万元以上在建项目838个,增加37个,完成投资增长19.0%;亿元以上项目567个,完成投资增长19.3%。②2023年阜阳新签约亿元以上项目452个、总投资2096亿元,比亚迪汽车零部件、赛拉弗光伏、纽龙船舶海洋高端装备等7个百亿级制造业项目加快建设。③总之,近年来阜阳坚持全市"一盘棋",差异化定位、资源化利用、扁平化管理、一体化发展的工作思路,针对性施策、精准化招商,产业集聚效应初步显现,形成了太和的现代医药产业、界首的再生资源利用产业、临泉的机械电子产业、阜南的纺织服装

---

① 《关于2019年1—3月份全市招商引资情况的通报》,阜阳市人民政府网,http://www.fy.gov.cn/openness/detail/content/5ce24f6a7f8b9a83668b4577.html。

② 阜阳市统计局、国家统计局阜阳调查队编:《2023年阜阳统计年鉴》,阜阳市人民政府网,https://tjj.fy.gov.cn/content/detail/65767c0b8866887d658b4569.html。

③ 刘玉杰:《加快建设"三地一区""十个区域性强市"》,新华网,http://ah.news.cn/20240313/024bbd29a99a45a6bd48865ba69f7bc8/c.html。

产业、颖上的绿色食品产业等特色产业集群,发展成效尤为显著。

(二)阜阳市落实开放发展理念存在的问题

任何事物都具有两面性,阜阳市落实开放发展理念也不例外,虽然取得了一些成就,推动经济的发展,加强了对外的交流与合作,但在文化资源开发,实体经济的发展及招商引资体制机制上仍还存在一些问题。

第一,经济发展与外界认知的不匹配。虽然阜阳市的经济发展取得了显著进步,例如在安徽省16个地市中GDP排名第4,并且发展势头良好,但外界对阜阳的印象仍停留在过去,认为其经济相对落后。这种外界认知与实际情况的不匹配,对阜阳的开放发展造成了一定的负面影响。

第二,实体经济发展不足。实体经济是国民经济的基石,阜阳在实体经济发展方面存在一些短板,其中包括工业化率、城镇化率不高等方面。2021年安徽百强企业和制造业、服务业百强企业榜单发布,阜阳市7家企业榜上有名,数量居皖北第1,但从总体规模看仍有差距。当前,阜阳最突出的问题还是产业发展规模小,融资难,经济总量不高、结构不优、人均水平偏低,虽然在2023年安徽省各市GDP中排名第4,但人均GDP却是倒数。同时产业集聚发展水平不高,县域发展不均衡的问题依然突出,整体实力和竞争力亟待提升。这种情况在一定程度上制约了阜阳市对外开放的进一步发展。

第三,招商引资水平有待提高。随着改革开放的发展,全国各地招商引资工作得到快速发展,社会经济发展得到极大提高。阜阳市正加速推进"双轮驱动"战略和"五大专项行动",将"实施全民招商"作为经济发展的一项重要内容,呼吁全市加大招商引资的力度,全民招商得到热烈反响。但在阜阳市工商联组织专人进行招商调研中,我们可以发现,阜阳市在逐步完善招商引资工作的过程中,还存在一些问题。

首先,招商引资是两个部分,招商是基础,更重要的在于如何留商、富商。阜阳市在把资金引进来以后,对企业今后的发展和服务重视程度不够,招商工作投入不够,营商环境有待优化,从而在一定程度上可能会对招商工作产生不利影响。其次,"僵尸企业"制约经济发展。尽管阜阳市对一些丧失发展空间的企业进行了帮扶与整改,但由于经济下滑等方面原因,尽管这些企业不产生效益,它们仍将继续占用资本、劳动力、土地等宝贵的资源要素,经济效益和社会贡献率很低,严重妨碍了新技术、新产业等新动能的成长,制约了阜阳市经济健康快速发展。再次,招商机制不够健全。专项、专款、专人、专事、专业"五专"招商机制不够健全,招商引资政策和考核办法有待进一步完善。最后,阜阳市在招商引资过程中,由于缺乏以当地主导产业和特色产业为自身优势来拉长产业链条的大项目、好项目的工作机制,导致部分产业转型升级停滞不前,产业集聚也尚未形成。随着全民招商工作的不断推进,部分市直单位和产业招商办公室投入经济不足,掌握招商信息和交流不够,项目落地不及时,效益不够高,企业融资难、融资贵、融资慢的问题有待进一步解决。

三、阜阳市落实开放发展理念的经验启示

通过上述实践,阜阳市展示了如何在开放发展理念的指导下,实现经济社会的全面进步。阜阳市的这些成就和经验,不仅为自身的持续发展奠定了基础,也为其他地区提供了宝贵的借鉴。

第一,坚持与时代脉搏同频共振。恩格斯指出:"每一个时代的理论思维,从而我们时代的理论思维,都是一种历史的产物,它在不同的时代具有

完全不同的形式,同时具有完全不同的内容。"①贯彻开放发展理念亦是如此。在追求发展的征程中,我们要以时代为参照,每个时代和阶段都有自己的特性、主题和任务,这决定着每个时代和阶段都有着不同的发展目标和重心。只有立足时代性和阶段性新特点和新诉求,才能制定出正确的发展策略,诚如列宁所言:"只有在这个基础上,即首先考虑到各个'时代'的不同的基本特征(而不是个别国家的个别历史事件),我们才能够正确地制定自己的策略;只有了解了某一时代的基本特征,才能在这一基础上去考虑这个国家或那个国家的更具体的特点。"②阜阳市在贯彻落实开放发展理念过程中,阜阳市根据不同发展阶段的特点和地域特色制定了开放发展战略,使得每一次发展战略的及时更新都带动阜阳市的跨越式发展。

第二,坚持科学有效的方法论。科学的方法论是人们认识世界、改造世界的强大思想武器。当前,阜阳市践行开放发展理念正在从全面规划、设计和动员阶段向全面实施和落实阶段转变,正在从简单的稳增长阶段向加速开放阶段转变。开放发展形势、开放发展任务和开放发展重心的转变,决定了阜阳市必须把各种哲学层面的方法论和理念层面的思路转化为指导实践的具体方法和工作方案。具体来说,阜阳市用马克思主义唯物辩证法处理好开放发展中的各种关系。在战略层面和指导思想层面,坚持将马克思主义唯物辩证法运用到阜阳市落实开放发展方案的制定和落实中,注重开放发展的统筹性、协调性、整体性,增强开放发展的原则性、系统性、预见性和创造性,保证具体开放发展方案和实施措施沿着正确方向、正确道路和总体目标有序推进。此外,阜阳市坚持开放发展要注重抓主要矛盾和矛盾的主要方面,积极利用融入"长三角"和高铁通行等发展契机,坚持稳中求进总基

---

① 《马克思恩格斯选集》(第四卷),北京:人民出版社1995年版,第284页。

② 《列宁专题文集 论资本主义》,北京:人民出版社2009年版,第91~92页。

调,坚持高质量发展,着力促消费、稳外贸、稳外资、优电商,积极打造商贸物流中心和内陆开放新高地,带动阜阳商务经济规模、开放水平、发展质量、业态创新取得新突破新提升新成就。

第三,强化对外交流,寻求发展机遇。如前所述,阜阳市积极发展会展经济,加强对外交流合作,大力推动口岸建设,持续推进招商引资,坚持从多方面吸引外资。这些举措体现出阜阳市坚持主动谋求对外开放发展机遇,不断通过对外交流磋商赢得发展机遇,为阜阳市开放发展注入充沛活力。习近平指出:"历史是勇敢者创造的。"①正是因为阜阳市不畏发展难题,不惧发展压力,积极迎接挑战,主动创造发展机遇,坚持在历史前进的逻辑中前进、在时代发展的潮流中发展,才促进开放发展不断取得新成就,大幅提升了阜阳市对外开放发展水平,这是阜阳市贯彻开放发展理念的一条重要经验。

总之,阜阳市在贯彻开放发展理念方面取得了多方面好成绩,但也存在一些难啃的"硬骨头"。习近平指出:"历史总是要前进的,历史从不等待一切犹豫者、观望者、懈怠者、软弱者。只有与历史同步伐、与时代共命运的人,才能赢得光明的未来。"②为克服"硬骨头"式发展难题,阜阳市要依靠多方面发展优势,不断推进招商引资工作的开展,加快开放步伐不断加快,同时"发扬斗争精神,树立底线思维,准确识变、科学应变、主动求变,善于在危机中育先机、于变局中开新局,抓住机遇,应对挑战,趋利避害,奋勇前进"③。

---

① 习近平:《共担时代责任,共促全球发展》,《求是》2020年第24期。
② 《习近平谈治国理政》(第二卷),北京:外文出版社2017年版,第32页。
③ 本书编写组:《〈中共中央关于制定国民经济和社会发展第十四个五年规划和二〇三五年远景目标的建议〉辅导读本》,北京:人民出版社2020年版,第5页。

第六章
共享发展理念在阜阳的生动实践研究

共享发展指明了我国发展的价值取向，是新时代党领导引领亿万人民进行社会主义现代化建设的一面旗帜，有利于推进人民群众共享更高水平的经济效益、更完善的社会体制、更先进的教育资源、更健全的社会保障、更优美的生态环境。近年来，阜阳市在共享发展理念的引领下取得了阶段性成效，但是也面临着传统粗放高成本低产出的经济发展方式、不均衡的社会供给结构及不完善的共享发展体制机制等方面的现实困境。新时代，如何更好地将共享发展理念落实到社会主义现代化建设的方方面面，让改革发展的成果更多、更公平地惠及全体人民，仍然是阜阳市在推进共享发展的过程中面临的一个重要课题。因此，阜阳市要坚持共享发展来指导和推进现代化建设，以促进阜阳社会供给结构逐步适应社会发展需求，在现有的社会各项制度基础上维持效益与公平之间的平衡，在全面建成小康社会进程中提升人民群众的获得感。

一、阜阳市落实共享发展理念的具体做法

阜阳市坚持把共享发展理念落实到阜阳市"十四五"规划发展具体工作的始终,以党员干部建设、体制机制改革、城乡区域发展治理为重点,破解乡村发展困境、助力城乡融合发展,带领阜阳市全体民众攻克难关,大力建设和谐宜居的现代化城市。

(一)加强党的领导,强化党的建设

社会发展以什么为中心涉及发展的性质和本质问题,体现了各国执政党对待发展的根本立场、根本态度,根据历史唯物主义原理社会存在决定社会意识,社会意识对社会存在具有重要的反作用,中国共产党始终坚持以人民为中心的发展思想。共享发展理念贯穿了以人民为中心的发展思想,就是为了公平对待人民群众,以群众的利益增进与分享为检验发展的客观标准,不仅体现中国共产党执政为民的价值理念,同时表明了社会发展规律的新要求,实现了党的执政理念与发展规律新认识的有机统一。中国共产党是一支善于学习、勇于探索、敢于自我革命的政党,始终把加强党的自身建设作为党的重要政治任务,秉承实事求是的精神依据各地具体的发展水平全面深化改革和制定改革举措,改革工作任务顺利完成并取得显著改革成果,不断激发和创造社会活力。新时代党员干部的重大任务是提高党员干部的治理能力及强化党的建设。党员干部的治理能力和业务素质直接关系到上级决策的贯彻落实、为民服务的广度深度和开展工作的能力、速度、效度,加强培育党员干部科学的发展思路、发展决策、发展战略的意识。

阜阳市委、市政府为了不断提升党员干部的理论素质和强化党的建设,

将中央八项规定精神落实到反"四风"、"两学一做""不忘初心、牢记使命"等活动之中,由各级组织部门和培训部门负责对广大党员干部进行分层次、分部门、分阶段有针对性地进行训练,从而提高党员干部的治理能力、业务素养和拒腐防变的能力。广大党员干部并非流于形式而是深入学习中共中央文件精神和中国共产党人的优良传统,充分体现了阜阳市委市政府强化党的建设的决心,赢得了阜阳市广大人民群众对党和政府的支持和信赖。阜阳市各部门在阜阳市委市政府的正确领导下,坚持人民立场,贯彻落实以共享发展理念为指导的方针政策,从人民群众最关心最直接最现实的利益问题入手,不断提高人民生活水平,增强人民的"获得感";从现实的社会问题入手,更好化解新时代的社会主要矛盾,在矛盾的化解、调适中满足人民的利益诉求;更好确立人民群众的历史主体地位,促进人民团结、推动社会安定有序,在和谐发展中增进人们的幸福感、获得感、安全感,带动阜阳人民不断探索和创新发展新格局,努力创建现代化美好阜阳建设新局面。其中颍上县围绕把新就业群体融入城市基层党建格局,精准发力、率先探索,通过筑巢引"新"、服务暖"新"、治理融"新",有效推动了新业态新就业群体党建工作拓面增效、破题攻坚,为实现共享发展奠定了党建基础。

(二)深化体制改革,破除利益藩篱

我国"方方面面的利益分化到了一个极端,社会进入了一些学者所说的'利益博弈'以及'利益瓜分'社会"①。个人收入分配政策关系到每个人的切身利益,尤其是党的十一届三中全会之后,我国经济体制突破了苏联模式的体制束缚,开启了对计划经济体制的改革。邓小平指出:"在经济政策上,我

---

① 袁祖社:《马克思主义人学理论与社会发展探究》,北京:人民出版社2016年版,第192页。

认为要允许一部分地区、一部分企业、一部分工人农民,由于辛勤努力成绩大而收入先多一些,生活先好起来。一部分人生活先好起来,就必然产生极大的示范力量,影响左邻右舍,带动其他地区、其他单位的人们向他们学习。这样,就会使整个国民经济不断地波浪式地向前发展,使全国各族人民都能比较快地富裕起来。"[①]

改革开放带动了我国经济快速发展,人民的生活水平显著提高,也加剧了产业竞争、地区差异和贫富差距。1993年11月召开的党的十四届三中全会推进了我国收入分配体制改革。首先,在坚持按劳分配为主体,多种分配制度并存的分配制度,体现效率优先,兼顾公平原则的前提条件之下,第一次明确提出把竞争机制引入劳动者个人报酬,激发了劳动者的生产积极性。其次,建立国家对职工工资的宏观调控机制,增强了企业发展的竞争力。最后,完善收入再分配机制,提高生产效率,有效地兼顾社会生产发展与公平正义。虽然我国的收入分配状况总体有了明显改善,但是完全适应市场经济需要的收入分配关系尚未完全理顺,我国仍然存在收入分配体制还不够完善、收入差距拉大等许多问题,共享发展就是要"做出更有效的体制安排"以实现共同繁荣、完善社会体制,破除利益藩篱。

破除利益藩篱、协调社会不同阶层和群体的利益关系对于阜阳推进共享发展至关重要。为解决这些问题,阜阳市积极召开深化改革专项小组会议,建立新的、有效的社会各项制度体系,正确处理改革、发展、稳定之间关系,通过改革给人民群众带来更多的获得感和幸福感。例如在治理农民工欠薪问题方面,阜阳市抢抓试点机遇,把根治欠薪作为改革要事、民生实事来抓,以工程建设领域农民工工资支付为重点,探索构建"项目链+劳动关系

[①] 《邓小平文选》(第二卷),北京:人民出版社1994年版,第152页。

链+工资支付链"三位一体监管链条,形成了具有自身特色的"清单+闭环、平台+机制、线上+现场、激励+惩戒"监管服务模式,有效推动了欠薪工作由被动监管向主动监管转变、由治标向治本转变、由事后治理向事前预防转变。在医疗改革方面,自国家启动医疗领域改革以来,阜阳市加快医疗领域改革的制度建设步伐,为了解决阜阳市民看病就医问题和促进卫生计生事业持续健康发展,积极贯彻落实《阜阳市"十四五"卫生健康规划》。特别是太和县人民医院医共体搭建"以时间轴为核心的急危重症救治"服务平台,创新"一个体系、三个等级、六项技术、七个病种"的急诊急救管理新模式,实现县、乡、村三级医疗机构急诊急救的"同步启动、上下联动、实时互动、同质行动",进一步提升乡镇卫生院及村卫生室急诊急救服务能力及公众自救互救能力,实现"社会急救—院前急救—院内急诊—重症监护"的县域急诊急救体系建设目标,为全县人民群众健康保驾护航。

(三)实施乡村振兴战略,推进城乡融合发展

改革开放以来,我国坚持农业农村优先发展,实现农村地区第一、二、三产业的融合发展,但是现阶段城乡要素流动不畅通、公共资源分配不均衡、体制机制不完善等问题仍是制约城乡融合发展的突出问题。"城乡关系问题是关乎社会经济发展的重要问题,如何处理城乡关系也是发展中国家不可避免的。正是基于城乡发展的严重失衡,党的十九大提出实施乡村振兴战略,以缓解当前发展中城乡不平衡的问题。"①党的二十大报告进一步指出:

---

① 贺雪峰:《城乡二元结构视野下的乡村振兴》,《北京工业大学学报》(社会科学版)2018年第5期。

"全面推进乡村振兴。"①乡村振兴战略以"产业兴旺、生态宜居、乡风文明、治理有效、生活富裕"为总的方针,力求健全自治、法治、德治相结合的乡村治理,激发乡村内在活力,实现与城市在发展上的互惠共生、空间上的共融、要素上的平等互利、乡村与城市文明的共同发展。然而我们必须认识到我国不仅是发展中国家,也是拥有14亿多人口的农业大国,在城乡融合发展背景下实现由城乡分割到城乡融合的转变刻不容缓,唯有通过乡村振兴战略来带动农村农业的发展,城乡融合发展才能更快更好实现。

阜阳市作为皖北地区人口近一千万逐步走向现代化的城市,由于传统城乡二元结构的矛盾和城乡产业特性不同,以及计划经济时代遗留下来的户籍壁垒等问题导致城乡发展不平衡问题。因此,推进城乡协调发展是阜阳市经济社会发展进程中亟待解决的问题。党的二十大报告指出:"坚持农业农村优先发展,坚持城乡融合发展,畅通城乡要素流动。"②党的二十届三中全会进一步指出:"城乡融合发展是中国式现代化的必然要求。必须统筹新型工业化、新型城镇化和乡村全面振兴,全面提高城乡规划、建设、治理融合水平,促进城乡要素平等交换、双向流动,缩小城乡差别,促进城乡共同繁荣发展。"③阜阳市为了缩减城乡发展差距实现城乡发展一体化,积极健全和完善城乡协调发展机制,依据阜阳发展实际状况制定和落实《阜阳市城乡建设事业"十四五"发展规划》,引领着阜阳市未来五年经济社会的发展方向,加强了阜阳市各乡镇与城市的联系,只有把阜阳各县城、乡镇与阜阳城市作

---

① 习近平:《高举中国特色社会主义伟大旗帜 为全面建设社会主义现代化国家而团结奋斗——在中国共产党第二十次全国代表大会上的报告》,北京:人民出版社2022年版,第30页。

② 习近平:《高举中国特色社会主义伟大旗帜 为全面建设社会主义现代化国家而团结奋斗——在中国共产党第二十次全国代表大会上的报告》,北京:人民出版社2022年版,第31页。

③ 《中共中央关于进一步全面深化改革 推进中国式现代化的决定》,《人民日报》2024年7月22日。

为有机整体共同发展才能逐步实现阜阳市城乡一体化发展。特别是近年来,阜阳市以发展特色小镇、乡村旅游为契机带动了部分乡镇的发展,依据《阜阳市"十四五"服务业发展规划》着力打造文旅精品,创建国家全域旅游示范区,大力发展乡村旅游促进"文旅+"融合发展;扩量提质健康服务,加快发展健康服务,发展壮大体育服务;加快发展养老育幼,增强养老服务能力,扩大育幼服务供给。提质家政物业服务打造家政服务品牌,提升物业服务水平。①以上几点举措,有力推动了阜阳城乡融合发展,缩小了阜阳城乡发展差距。

乡村要振兴,产业必振兴。近年来,阜阳市阜南县新村镇以深化农业供给侧结构性改革为主线,聚焦强扶持、提品质、延链条,推动乡村产业全链条升级,把"小芦蒿"做成了富民的"大产业"。阜阳市阜南县芦蒿种植面积已达1.6万亩,年产量超过3.2万吨,年产值突破3亿元,每年可为群众增收超1亿元。"新村芦蒿"获国家农产品地理标志认证、农业农村部绿色农产品认证、全国名特优新农产品认证。②此外,阜南县红亮箱包公司带动当地156名群众就业增收,其中,脱贫户50人,今年产值计划超2000万元,比2023年明显增加。新厂房一栋面积就有1万平方米,同时吸引了纺织、鞋服等有关企业入驻,带动更多群众就业。"近年来,阜南县及王家坝镇全力支持红亮箱包有限公司做优做强,带动群众就近就地就业增收。在给企业提供资金、用工等方面支持的同时,为了更好地发挥红亮箱包的带动作用,王家坝镇以红亮箱包有限公司为基础,在其周边投资兴建了占地57亩的就业产业园。产业

---

① 《阜阳市发展改革委关于印发阜阳市"十四五"服务业发展规划的通知》,阜阳市人民政府网,https://fgw.fy.gov.cn/openness/detail/content/6440e2f48866883f428b4575.html。

② 《阜阳阜南:"小芦蒿"成就"大产业"》,安徽网,http://news.ahwang.cn/zhengwu/20230428/2509667.html。

园全部建成后,将以红亮箱包公司为龙头,引进拉链拉头、注塑件、型材件、五金件等箱包产业上下游企业,形成功能较为齐全的箱包产业链,打造王家坝箱包产业小镇。"①

(四)倡导服务共享,构建公共服务供给体系

社会公共服务与人们生活息息相关,是民生发展之大计,主要包括教育、医疗、卫生、环境、住房、科技、社会保障等方面,为人们的生存与发展提供最基本的发展条件,完善的公共服务供给体系有助于弥补由于具有自发性、盲目性、滞后性等特点的市场经济导致的资源分配不公,使得社会资源在政府的宏观调控下得以公平合理配置,有效地维护了社会的公平与正义,公共服务共享就是实现共享发展的基础保障。因此,政府应该以共享发展理论为指导,在提高基本公共服务供给水平和质量的基础上,着力促进基本公共服务均等化,努力使基本公共服务覆盖全民、服务全民、发展全民。一方面,公共服务均等化追求的是社会主体不论阶级、种族、社会地位等的差别都平等享有基本公共服务的机会,平等地享有社会发展成果与人生出彩的机会。另一方面,公共服务均等化并不是毫无差别的人人相等,允许存在社会可承受范围内的差别,由于经济社会发展中的不均衡不协调问题,因此,要推进基本公共服务均等化就要着力缩小城乡、区域基本公共服务差距。

近年来,阜阳市在基本公共服务方面的投入比重逐年增多,但是鉴于人口基数庞大的原因,阜阳市基本公共服务水平仍然不能满足社会成员的需求。为此,阜阳市政府积极鼓励各种社会主体参与供给过程,通过给予适当

---

① 安耀武、朱倩:《王恒亮:扩大生产,带动更多乡亲就业》,《安徽日报》2024年3月3日。

的政策优惠和补贴支持以引导非政府性社会组织为阜阳市城乡居民提供优质的公共服务,逐步形成了完善以阜阳市政府为主导的多元公共服务供给体系。第一,完善公共服务问责机制。阜阳市政府是提供基本公共服务均等化的主体,在推进阜阳市惠民工程中发挥基础性、兜底性作用,明确各级政府职责事关阜阳市城乡居民的生存和发展。持续推动全市各级党组织和广大党员干部不断深化自我革命,力戒形式主义官僚主义,不断增强党自我净化、自我完善、自我革新、自我提高的能力,全力推进现代化美好阜阳建设。第二,健全公共财政制度。阜阳市政府在提供公共服务中发挥着主导作用,确保有充足的财政支撑公共服务均等化,阜阳市合理、有序的公共财政制度是基本公共服务均等化的重要保障,也是增加财政收入重要基础。第三,拓宽服务供给渠道。阜阳市鼓励市场主体和各种社会组织参与基本公共服务供给,鼓励企业参与"智慧养老"建设,对新建、改(扩)建社会办养老机构按规定给予一次性建设补贴和运营补贴;支持医疗机构开设老年病房、设立养老机构或转型为护理院、康复医院、安宁疗护中心等,按规定给予相应补助补贴。大型公共体育场馆向社会免费或低收费开放,按规定给予财政补助;盘活用好现有体育场馆资源,推动学校体育场馆设施在双休日、节假日对本校学生和公众开放,推进企事业单位等体育场地设施向社会开放,扩大体育设施免费或合理收费开放等供给力度。

二、阜阳市落实共享发展理念取得的成就与存在的问题

近年来,阜阳市把共享发展理念落实到阜阳市的具体举措中,取得了显著成效,促进了阜阳城乡居民的获得感、增进了阜城人民的公共福祉及共建共享责任感的提升,在建设"人民满意的区域性教育强市、繁荣兴盛的区域

性文化强市、优质均衡的区域性医疗卫生强市"①等方面取得了新进展。与此同时,阜阳市坚持共享发展也面临着发展困境,传统粗放的经济发展方式、不均衡的社会供给结构及不完善的共享发展体制等问题成为阜阳市委市政府亟待了解并解决的问题。

(一)取得的成就

1.提升城乡居民获得感

阜阳市委市政府始终将人民利益置于首位,不仅要使城乡居民共享改革发展成果,而且要使改革发展成果惠及社会弱势群体。2022年,在市委市政府的正确领导下,全市上下坚持以习近平新时代中国特色社会主义思想为指导,坚持稳中求进工作总基调,全面贯彻新发展理念,大力推动高质量发展,全市经济社会保持平稳健康发展,经济结构不断优化,发展质量稳步提升。"2023年阜阳市地区生产总值3323.7亿元、同比增长5.8%,总量位居全省第4、皖北第1,增速高于全国0.6个百分点、位居全省第6。"②在此基础上,人民生活持续改善。全市常住居民人均可支配收入25925元,比上年增长6.1%。按常住地分,城镇常住居民人均可支配收入39240元,增长5.0%;人均消费支出20355元,增长0.2%。城镇常住居民恩格尔系数为32.1%。全年农村常住居民人均可支配收入16871元,比上年增长6.3%;人均消费支出13798元,增长4.3%。农村常住居民恩格尔系数为33.3%。城乡居民的获得

① 刘玉杰:《加快建设"三地一区""十个区域性强市"》,新华网,http://ah.news.cn/20240313/024bbd29a99a45a6bd48865ba69f7bc8/c.html。

② 《阜阳市2024年政府工作报告》,阜阳市人民政府网,https://www.fy.gov.cn/openness/detail/content/65c42acd88668888468b456a.html。

感、幸福感和安全感不断提升。[①]全年居民消费价格比上年上涨1.9%。其中,食品烟酒类价格上涨2.2%,衣着类上涨1.8%,居住类下降1.7%。商品零售价格上涨2.4%。[②]

同时,阜阳市坚持共享发展理念推进乡村振兴战略,制定和实施《阜阳市2018年重点项目计划》,依据新型农村建设思路,充分利用农村现有资源包括土地、人口、本土文化、地理因素诸多方面,因地制宜创造农村发展新模式,在最短时间依照城镇公共设施标准来完善农村的公共基础设施,有效解决农村空心化问题,促进传统农业类型转型继而推动农村多种产业融合发展最终实现农业现代化。其中农村弱势群体是落实全民共享打赢脱贫攻坚战的重要对象,提升农村弱势群体的获得感是落实共享发展实现全民共享的重要环节。为此,阜阳市不仅发展农村特色产业使农村弱势群体充分就业,还采取了点对点帮扶结对子的方式让农村弱势群体有针对性地接受政府帮助。阜阳市政府依据住院费用总额采取实行不同比例的医疗救助,解决农村弱势群体看病难、看病贵的问题。阜阳市通过一系列惠民工程的实施及多渠道筹措资金给予弱势人群资助和关爱,在促进共享发展上取得了新进展。

2.增进城乡居民公共福祉

改革开放以来,我国经济长期快速发展和社会长期保持稳定为我国各领域全面发力奠定坚实的物质基础,通过规范的社会制度和完善的价值认同机制推动全体人民自觉践行共享发展理念,能够有效弥补政府角色和职

---

① 阜阳市统计局、国家统计局阜阳调查队编:《2023年阜阳统计年鉴》,阜阳市人民政府网,https://tjj.fy.gov.cn/content/detail/65767c0b8866887d658b4569.html。

② 阜阳市统计局、国家统计局阜阳调查队编:《2023年阜阳统计年鉴》,阜阳市人民政府网,https://tjj.fy.gov.cn/content/detail/65767c0b8866887d658b4569.html。

能上的缺位,统筹和规划区域内可用的人力与资源,以便提供精准的社会公共服务,满足人民群众的切实需求。党的十八大以来,阜阳在社会各领域取得的显著成果为共享改革发展成果提供了厚实的保障,不断增进城乡居民公共福祉。

就经济建设而言,我国经济建设成果为阜阳市城乡居民提供丰富多彩的物质生活,不断提升阜阳城乡居民的自身认同感和建设美丽阜阳的参与感。就政治建设而言,阜阳市已步入民主政治建设快车道,农村管理制度和社区管理制度日益完善,全民监督方式更加丰富多样,政治建设领域形成有效良好的城乡治理层面。

就文化建设而言,我国以社会主义核心价值观为导向深化文化体制改革,"培育与美丽乡村建设相契合的优良家风、文明乡风,创新乡贤文化,弘扬善行义举"[1],使人民群众在共享文化发展成果的基础上不断提升精神境界。为此,阜阳市体育场、科技馆相继建成,使广大百姓在共享文化发展成果的基础上不断提升精神文化。2022年末,全市共有艺术表演团体602个。其中,民营院团598个,国有院团4个。此外,全市还有文化馆9个,公共图书馆9个,博物馆11个,美术馆1个,文化站171个。广播人口覆盖率100%,电视人口覆盖率100%。[2]

就社会建设而言,阜阳市通过一系列惠民工程的实施和全面脱贫的推进,各职能部门提供优质高效便民的社会服务,城乡居民在教育、医疗、住房和交通等各方面都得到了改善,社会建设呈现更加和谐幸福的良好局面。

---

① 龚天平、张军:《资本空间化与中国城乡空间关系重构》,《上海师范大学学报》(哲学社会科学版)2017年第2期。

② 阜阳市统计局、国家统计局阜阳调查队编:《2023年阜阳统计年鉴》,阜阳市人民政府网,https://tjj.fy.gov.cn/content/detail/65767c0b8866887d658b4569.html。

同时,集政务服务、便民服务于一体的阜阳市市民中心建成之后迅速投入使用,相继投入运行的还有新建阜阳市第三中学、阜阳市人民医院、阜阳市第六人民医院、阜阳高铁站等公共基础设施,城乡居民在教育、医疗、住房、交通等各方面都得到了改善,社会建设呈现更加和谐幸福的良好局面。此外,新时代十年,阜阳市医疗机构总数增加29.3%,达到3154家;医疗机构诊疗人次、出院人数分别由2012年的3168.4万人次、100.9万人增加到2021年的3939.6万人次、122.4万人,医疗卫生机构总诊疗人次、出院人数、住院病人手术人次数均位居全省第二;人均基本公共卫生服务经费补助标准由2012年的25元提高至2021年的79元,受益人群不断扩大。[①]

就生态建设而言,生态文明建设是"五位一体"总体布局中的重要组成部分,党的十八大以来,我国积极推动形成绿色发展方式和生活方式,经济发展和生态环境保护协同共进,营造共荣共生的生态环境。阜阳市不仅整顿污染企业要求化工企业整体搬迁,而且修建城市居民休闲公园、整顿农村脏乱差的生活环境、重建阜阳西湖自然湿地的生态环境、营造共荣共生的生态环境,不断提升城市公共服务能力,建设宜居优美的阜阳城市。

3.增强城乡居民共建共享责任感

人民群众谱写着社会发展的历史,"波澜壮阔的中华民族发展史是中国人民书写的,博大精深的中华文明是中国人民创造的,历久弥新的中华民族精神是中国人民培育的,中华民族迎来了从站起来、富起来到强起来的伟大飞跃是中国人民奋斗出来的。"[②]城乡居民的获得感不仅来源于物质文化财

---

① 《"阜阳这十年"卫生健康事业发展 新闻发布会》,阜阳市人民政府网,https://www.fy.gov.cn/openness/detail/content/632bce0c88668898388b4572.html。

② 中共中央宣传部:《习近平新时代中国特色社会主义思想学习纲要(2023年版)》,北京:学习出版社、人民出版社2023年版,第67页。

富的丰富,而且源于共同参与社会主义现代化建设,在人人参与、人人尽力的基础上建立更高水平的城乡基本公共服务体系。共建共治共享理念继承了马克思主义群众史观,体现了共享社会发展成果主体权利与义务的统一性,也是增强城乡居民共建共享责任感的重要途径。正是因为中国共产党带领广大人民群众攻坚克难,我国社会主义建设才取得举世瞩目的成就,如今中国人均GDP接近12000多美元成为世界经济增长的"压舱石""助推器",改革开放的成果不仅惠及每一位中国人而且造福世界人民,人民群众的获得感、幸福感和安全感增多的同时也增强了共建共享的责任感和使命感。

阜阳市委市政府秉持共享发展理念,坚持稳中求进工作总基调,落实"六稳"要求和"巩固、增强、提升、畅通"八字方针,进一步减负增效、纾困解难、优化环境,为人民参与共建共享创造了有利条件。例如通过继续设立中小微企业转贷资金池1.75亿元,帮助企业解决转贷难题,鼓励银行业金融机构积极落实无还本续贷政策,对辖区内符合授信条件但暂时有困难的企业继续予以资金支持,不盲目停贷、压贷、抽贷、断贷。对银行业金融机构向阜阳市企业发放的无还本续贷贷款,按照单笔贷款金额的1%给予奖励,单笔贷款补贴最高不超过10万元。支持优质企业发债融资,鼓励以大中型企业为主体发行小微企业增信集合债券,支持发行创业投资类企业债券。在人人参与、人人尽力的基础上建立更高水平的城市基本公共服务体系,不仅持续推动经济高质量发展,而且提升了阜阳市人民群众共建共享现代化美好阜阳建设的责任感和使命感。

(二)存在的问题

1.经济发展方式急需转变

阜阳作为皖北地区人口输出最大的城市,由于地处黄淮平原腹部近代工业起步晚发展水平不均衡,导致阜阳市经济发展方式是以发展劳动密集型产业为主,以高成本、低产出缺乏自主创新能力与高科技产业为特征的传统粗放高代价的发展模式。这种传统粗放高代价发展方式促使人们认为经济社会发展就是经济总量的增加,通过过度消耗资源、污染生态环境追求经济发展指标,导致经济迅速发展的同时带来各种社会问题,比如环境污染、经济结构单一、经济体制不健全,一部分地区和一部分人在获得社会财富的同时不断侵害社会弱势群体、弱势地区和弱势领域的合法权益,剥夺了人们共享社会发展的权利和机会,经济社会发展不平衡不充分的社会矛盾制约着阜阳市经济高质量发展,严重影响了阜阳市推进共享发展的进程。为解决这一问题,阜阳市致力于提高劳动生产率以提高经济总量与质量,立足创新能力的培养以加快转变经济发展方式,实现经济结构协调发展和城乡融合发展。目前,阜阳市消费结构与经济结构已进入转型升级期,社会变革日新月异,资源、能源和环境的问题仍然是阜阳发展的制约因素,但是在投资、消费、出口比例中消费和出口的拉动效应相对不足,传统的发展方式降低了大多数企业的市场竞争力,企业没有转型就很难维持经济发展。

2.社会供给结构不均衡

我国社会日益突出的社会供给结构失衡导致利益主体日益分化、利益差距扩大化、利益矛盾和冲突严峻化,加剧了社会成员的收入差距和城乡不协调发展,制约着人民对美好生活的追求。由于我国区域发展不协调尤其东部、中部与西部地区发展差距较大、城乡发展差距较大,社会供给结构失衡现象更为严峻,中部与西部地区部分城镇仍然是以农作物生产和农产品加工为主,农业产业结构、农作物亩产量和农产品市场价格直接影响农民群体的社会收入。共享发展在始终坚持大力发展生产力的同时,也兼顾分配公平,向社会弱势群体和欠发达地区倾斜,保障改革开放的红利由全体人民共同享有。阜阳市是重要的农作物生产和农产品加工的重点城市,农业产业结构、农作物亩产量、农产品市场价格直接影响着农民群体的社会收入,社会供求结构失衡和市场经济的盲目性、滞后性导致"粮价跌、伤心菜、贱鸡蛋"等现象时有发生,降低了农民的消费水平和生产热情,发展不足、发展不优、发展不平衡的矛盾更加明显,迫切需要推进阜阳农业供给侧结构性改革破除城乡居民利益壁垒,同时,广大市民对城市的公共基础设施有了更多的需求,对公共资源有了更高的期待,提高更优质的公共服务和健全社会基础设施是促进阜阳发展的重要因素。

阜阳市贯彻中央和省委精神以新发展理念推进城市现代化建设,通过坚持共享发展以妥善处理经济增长过程中的矛盾促使人民共享政治、经济、文化、社会、生态领域发展成果。2016年,阜阳市出台《关于扎实推进供给侧结构性改革实施方案》,培育和发展战略性新兴产业以调整阜阳的产业结构,健全城乡交通运输体系和公共服务体系,提高公共服务共建能力和共享水平,促进阜阳社会供给结构逐步适应社会发展需求。近年来,虽然阜阳市供给侧结构性改革取得了一定成效,但还存在难啃的"硬骨头"。例如供需适配性不足、传统行业产能过剩与高质量产品供给不足,以及供需两侧协同发力的挑战,这些问题需要通过深化改革、优化供给结构、提升供给质量来加以解决,以实现经济的高质量发展,为共享发展奠定坚实的物质基础。

3.共享发展体制机制不完善

由于我国社会处于社会转型的关键期,社会发展进程中各种问题和矛盾日益凸显,开放与发展并存、计划与市场共存、利益主体分化、利益差距扩大化等因素影响社会和谐与稳定发展,城乡发展不均衡、城乡收入差距大和农村留守儿童等问题制约城乡一体化发展。此外,城乡区域位置和发展程度的差异性导致阜阳在农村的投入力度远低于城镇投入力度,使得人力资源、社会资金等要素很难在城乡间自由流动,严重制约着城乡融合发展。阜阳市在诸多方面的体制仍然不完善,城乡居民养老金水平偏低、社会保障管理不完善、社会养老观念落后、农村产权保护制度不完善、"以药养医"的医疗体制有待整改,特别是社会分配体制不健全直接影响到社会公平正义,需要健全城乡居民医保制度、最低生活保障制度、城乡户籍改革制度等相关制度,切实维护阜阳人民共享发展成果。

共享发展理念实质上是以人民为中心的发展思想,以普惠性和公平性为特征从根本上解决社会的公平正义问题,顺应了我国社会主义发展的基本价值导向,指明了中国特色社会主义的发展方向,为促进每个社会成员的全面发展奠定了基础。因此,健全有效的社会发展体制是构建和谐社会、实现共享发展的重要因素,有利于抓住社会发展机遇,合理解决经济、社会发展、人民共享之间存在的矛盾。就阜阳市而言,创新机制与人才资源短缺是影响阜阳发展的短板,由于位于皖西北内陆地区工业起步晚及不完善的人才发展体制,导致阜阳在发展中流失大量本土人才也难以吸引外来人才。虽然人才政策已经出台,但实际执行中可能存在力度不够、覆盖面不足或落实不到位的问题。还可能政策的宣传和推广不够,导致许多潜在人才对阜阳市的人才政策了解不足。此外,相对于一线城市和发达地区,阜阳市的城市品牌影响力较小,对高层次人才的吸引力不足。

三、阜阳市落实共享发展理念的经验启示

近些年,阜阳市以经济社会发展与人的全面发展相适应的客观规律为基本原则,以社会效益与经济效益相统一为价值准则,立足人民立场依据阜阳市县区的具体现状贯彻落实共享发展理念。因此,归纳整理阜阳市落实

共享发展理念的有益经验为实现社会公平正义提供可借鉴的建议,以便提升城乡居民共建共享的意识和自我归属感。

(一)夯实共享发展基础,以科技创新引领经济发展

实现共享发展的基本前提就是社会全面发展,离开了社会发展这一基础共享发展就沦为空谈,不同时期的共产党人都致力于社会发展,不断进行理论、制度、科技、文化等方面的创新以推动生产力进步引领经济发展。新中国成立以来,中国共产党领导人民群众进行社会主义革命与社会主义建设,尽管在探索社会主义建设过程中出现了十分严重的失误,但仍然取得了较快的经济增长,基本完成了大规模基础设施的建设尤其是农田水利、交通运输、文化教育、医疗卫生方面都实现了巨大的飞跃,形成了独立完整的工业体系和国民经济体系,为改革开放的成功奠定了相对良好的物质基础,习近平强调:"改革开放前的社会主义实践探索,是党和人民在历史新时期把握现实、创造未来的出发阵地,没有它提供的正反两方面的历史经验,没有它积累的思想成果、物质成果、制度成果,改革开放也难以顺利推进。"①改革开放40多年来,我们党团结带领人民不断加强和完善社会主义各领域制度建设,促进了国民经济依据经济规律有计划按比例发展,为中国的发轫和经济发展注入了强劲动力,夯实了共享发展的社会经济基础。

基于新时代我国经济已由高速增长阶段转向高质量发展阶段及发展中的突出问题和矛盾,面对世情、国情、党情的复杂变化,以习近平同志为核心的党中央注重创新驱动以科技创新引领经济高质量发展,调整供需关系中的结构性失衡从而促进经济平稳增长,在确保发展成果由人民共享的基础

---

① 中共中央文献研究室:《十八大以来重要文献选编》(上),北京:中央文献出版社,2014年版,第695页。

上提高人民的生活水平,推动经济增长动力趋于多元化。阜阳市坚持用创新发展理念激发共享发展活力,让阜阳市人民群众共享创新发展带来的社会成果,创新驱动实质上是人才驱动,需要集聚培养创新型人才。对此,一方面,深入实施"颍淮英才"计划,加快引进培养急需紧缺人才,支持高端人才来阜创新创业,根据投资额度、项目科技含量和成长性、实际业绩,给予最高不超过1000万元的综合资助,对入选国家级、国家部委级和省级重点人才工程的分别给予80万元、50万元、30万元生活补助。另一方面,实施"颍淮学子创业就业计划""颍淮校友资智回阜计划"等,促进在外人才回乡创业就业。推动人才双向流动,支持企业人才到高校兼职取酬,支持高校院所科技人才离岗创新创业。

(二)健全共享发展参与机制,优化社会公共服务配给

伴随着"互联网+"时代的到来,人民大众汲取信息的方式打破了传统单一的线下渠道,线上与线下并存的多渠道信息传播方式使得人民大众更加便捷高效地参与社会公共治理,对社会公共服务有了更高需求,传统单一的政府管理模式不能完全适应新时代社会发展模式,人民群众共建共享的意识不断增强,为此,政府不仅要鼓励非政府组织积极参与基本公共服务供给,也要健全多元化共享发展参与机制以应对社会治理出现的各种难题,增强人民群众的主体意识和主人翁精神,积极参与社会治理和公共服务供给之中。通过规范的社会制度和完善的价值认同机制推动全体人民自觉践行共享发展理念,能够有效弥补政府角色和职能上的缺位,统筹和规划区域内可用的人力与资源,以便提供精准的社会公共服务,满足人民群众的切实需求。同时,在治理过程中充分调动人民群众参与建设社会共享事业的积极性,通过公共服务的方式带动和引领社会资源与市场资源的整合,在提供公

共物品和服务效率与质量上具有独特优势,构建人人参与的区域化共享发展平台。

阜阳市推动政务信息系统资源整合共享,切实解决政务信息化建设中"各自为政、条块分割、烟囱林立、信息孤岛"问题,依据阜阳市实际状况制定阜政办秘〔2017〕209号《阜阳市政务信息系统整合共享实施方案》,确保在2018年6月底前顺利完成各县市区政务信息系统整合共享工作。为此,阜阳市委市政府从多方面加强部署以搭建阜阳居民积极参与公共服务供给平台。其一,完善运维统一备案制度。阜阳市通过建立项目建设运维统一备案制度,不断优化和升级政务信息化建设模式,重点领域内的政务数据共享和开放取得阶段性成效,初步实现省、市及各县市区三级政府信息系统共建共享互联互通。其二,构建亲清新型政商关系。阜阳市坚持权利平等、机会平等、规则平等,积极营造公平、透明、可预期的法治环境。切实保护各类市场主体合法权益,健全政企沟通长效机制,完善市、县领导联系包保重大项目制度,及时协调解决企业实际问题,打造更有温度的服务环境。同时,广泛宣传优秀企业贡献,大力弘扬优秀企业家精神,开展百家优秀民营企业、百名优秀民营企业家评选表彰活动。

(三)增强广泛群众基础,以创业促就业改善民生

就业是民生之本,创业是就业之源,用创业带动就业以改善民生为着力点,是实现共建共享的重要途径,也是扩大群众基础、维护社会安定和谐的重要方面。随着人们对美好生活有个更高的期待与要求,人们对劳动的报酬需要越来越高,2023年我国九年义务教育巩固率达95.7%,高等教育毛入

学率超60.2%①,但是大量低技能劳动者无法适应技能要求高速发展的就业市场,劳动力成本上涨,劳动者素质跟不上市场的需求导致我国就业情况不容乐观。因此,全面建设社会主义现代化国家要实施就业优先战略,不断扩大就业增强广泛群众基础,以创业促就业改善民生。一方面,实施积极稳定的就业政策。拓宽劳动者多渠道、多形式就业创业,鼓励高校毕业生结合自身专业先就业再择业,落实帮扶困难人员就业,尤其是对残疾人、老年人、家庭困难者提供特殊照顾,健全政企沟通长效机制鼓励企业创造就业岗位。另一方面,完善就业服务体系。统筹线上线下、人力资源市场,完善就业服务体系,推进公共就业服务信息化、便利化、高效化。阜阳市拥有独特的人口优势和丰富的劳动力资源,稳定就业鼓励创业是将巨大的人口就业包袱变为人力资源财富、解决剩余劳动力问题的重要途径。

（四）树立共享发展理念,逐步实现共建共享

实现共享发展是一项长期性、艰巨性、复杂性的渐进工程,依据不同时期的社会生产力与经济发展水平在程度与广度有所不同,共享发展不是同步共享、同等共享、同时共享,是立足我国国情和经济社会发展水平从低级到高级、从不均衡到均衡逐步推进的历史过程,不能让广大人民群众盲目地、激进地共享社会发展成果。就社会发展阶段而言,进入新时代我国的综合国力、科技实力、国防实力、文化影响力、国际影响力显著提升,但是并未改变我国正处于并将长期处于社会主义初级阶段的基本国情,社会成员不仅在文化教育、体力智力、家庭成员状况等方面存在较大差异,而且在不同区域不同行业的收入水平和富裕程度方面也存在差异,因此,全体社会成员

---

① 数据来源于《2023年全国教育事业发展统计公报》。

共享社会发展成果的程度和广度也存在差异性,是当前我国经济社会发展所处阶段的必然产物。共享发展是具有阶段性的,要从中国实际情况出发,逐步推进人民对经济社会发展成果的共享,实现共同富裕,习近平指出:"共享发展必将有一个从低级到高级、从不均衡到均衡的过程,即使达到很高的水平也会有差别。"①

社会的进步和社会生产力的提高促使社会成员共享发展的水平和广度随之提升,使得社会成员共享更高层次更高水平的发展成果,共享发展是实现社会成员同等分享发展成果并且随着社会发展不断渐进的发展过程,只有将共享发展理念落实到增进城乡居民的公共福祉上才能充分体现出社会主义制度的优越性。实现共享发展必须发挥人民群众的主体地位依靠人民群众的实际行动来实现,通过引导人民群众树立共享发展理念及健全共享发展的体制等手段,扫清落实共享发展理念的各种障碍和困难,逐步实现从低层次向高层次共享发展的转变,从而实现全体人民的共同富裕。就阜阳市推进共享发展而言,阜阳拥有独特的人口优势、交通优势、政策优势、后发优势,在长三角区域一体化发展的国家战略下,阜阳要积极把握长三角区域一体化发展重大机遇,发挥自身优势加快融合发展,促进产业优势互补、联动发展,共同推动重点领域合作交流,在创新成果应用、创新平台建设、人才引进等方面加强合作,推动科创要素市场一体化,在旅游产业、乡村振兴、卫生健康、干部交流等方面加强会商和对接,在服从服务国家战略中实现区域经济高质量发展,逐步发展水平实现由低级向高级、由不平衡向均衡发展转变。

总之,共享发展理念是以习近平同志为核心的党中央立足全局战略高

---

① 习近平:《论把握新发展阶段、贯彻新发展理念、构建新发展格局》,北京:中央文献出版社2021年版,第97页。

度总结国内外发展经验提出的新发展理念,阜阳市在推进共享发展事业中取得了重大成就,以共享发展为契机深化体制改革,在提升阜阳城乡居民获得感的基础上增强共建共享的责任感和使命感。但是我们要认识到国内外发展环境的变化对于推进共享发展带来的阻力,我们要在阜阳市委市政府的有力领导下,破除利益藩篱推进阜阳城乡融合发展,推动阜阳各行业、各领域的技术创新与产业结构优化升级,促进阜阳民众平等共享经济、政治、文化、社会、生态文明等方面的发展成果,获得切实的物质利益和文化利益,努力成为带动皖北、支撑中原城市群发展的重要增长极。

第七章
以新发展理念引领新时代阜阳发展新实践

新发展理念为中国的经济发展和社会进步提供了明确的方向和路径，是推进和拓展中国式现代化、实现高质量发展及促进经济社会全面进步的理论指针。阜阳市坚持以新发展理念为指引取得了多方面显著成就，继续建设现代化美好阜阳必须坚持以新发展理念为引领，推动阜阳现代化建设取得新成就、开辟新境界。

一、以创新发展理念引领新时代阜阳发展新实践

习近平强调："首先要把应该树立什么样的发展理念搞清楚，发展理念是战略性、纲领性、引领性的东西，是发展思路、发展方向、发展着力点的集中体现。发展理念搞对了，目标任务就好定了，政策举措跟着也就好定了。"①阜阳创新发展取得了显著成效，为阜阳发展注入了充沛创新活力，带

---

① 习近平：《在党的十八届五中全会第二次全体会议上的讲话》，《求是》2016年第1期。

动了阜阳市高质量发展,这些充分证明坚持创新发展理念无疑是建设现代化美好阜阳建设的正确抉择。在新时代背景下,阜阳市仍要在创新发展理念的引领下把握住新的发展机遇、采取新的发展举措,推动阜阳市创新发展取得新成效。

第一,发挥交通与政策优势,实现跨区域合作创新发展。2021年阜阳市铁路运营里程达532千米,其中高速铁路220多千米、居全省前列,已建成漯阜、青阜、京九、阜淮、阜六共5条6个方向普速铁路和商合杭、郑阜2条高速铁路,正在建设阜阳至蒙城至宿州(淮北)高速铁路,形成了1小时合肥、郑州,2小时南京,3小时上海、杭州通勤圈。其中,京九客专阜阳至黄冈段,由商合杭高铁阜阳至合肥段及合安九高铁组成,是打通京九客运专线大通道的重要环节,也是大别山革命老区乃至中部地区连接环渤海、珠三角等地区的重要快速铁路,目前已完成勘察设计招标,拟于"十四五"期间开工建设;南阳至驻马店至阜阳城际铁路,西起河南省南阳市,向东经由驻马店市接入阜阳市,线路联系皖北地区和豫南地区,将实现京广通道、京九通道和京沪通道的横向沟通,拟列入安徽、河南两省"十四五"规划并尽快开展相关工作;沿淮城际铁路,即为阜南—霍邱—寿县—淮南—蚌埠—五河—淮安城际铁路,全长458千米,将依托沿淮综合交通走廊,串联起淮河生态经济带沿线的主要城镇,拟列入安徽省"十四五"铁路发展规划,并尽快实施。[1]此外,阜阳市继商合杭、郑阜高铁投运后加快推进的第三条高速铁路,阜淮城际铁路是阜阳加快建设区域性中心城市、区域性交通强市的关键工程。全线设计行车速度350千米/小时,途经颍泉、蒙城、利辛等人口大(区)县。全线贯通之后,阜阳到宿州、淮北将由约2个小时的车程缩短为1小时以内。[2]项目建

---

① 王雪洁:《"十四五"时期阜阳将再添一批高铁线路》,《阜阳日报》2021年1月4日。

② 徐风光、王越、郭海洋等:《"第三条高铁",加速!》,《阜阳日报》2024年3月11日。

成后,将结束蒙城县、利辛县不通高铁的历史,对促进皖北承接产业转移集聚区建设,推动皖北地区振兴发展,更好支撑长三角一体化发展、中部地区崛起等国家战略有重要意义。

日益便捷的交通拉近了阜阳与发达地区的距离,促进了阜阳与其他地区尤其是长三角地区的融合,推动了区域之间的合作创新,能够更好地为阜阳引进高端人才和创新资源,人才也能更好地进行跨区域交流合作,为阜阳的创新发展注入了新的活力,输送了新鲜血液。此外,阜阳还要加快推进与长三角地区企业的合作,建立人才交流培训制度,学习对方的科学技术,交流科技创新的经验与成果,实现科技成果跨区域转化。《长江三角洲区域一体化发展规划纲要》中提出:"建设皖北承接产业转移集聚区,积极承接产业转移。推动中心区重化工业和工程机械、轻工食品、纺织服装等传统产业向具备承接能力的中心区以外城市和部分沿海地区升级转移,建立与产业转移承接地间利益分享机制,加大对产业转移重大项目的土地、融资等政策支持力度。"①对于这一重大发展机遇,阜阳要把握好"高铁全覆盖、融入长三角"的发展优势,科学规划、周密部署,以创新发展理念引领阜阳的新发展,利用长三角地区雄厚的科研创新基础,弥补阜阳在创新方面的不足,促进阜阳与长三角地区在人才交流合作、产业承接转移、创新平台建设等方面的合作创新发展,推进承接转移长三角地区产业进程,推动制造业高质量发展,大力发展战略性新兴产业,转变阜阳经济的发展方式,实现产业的转型升级,推进企业园区平台合作的创新发展,不断拓宽创新发展空间,建设更多的创新平台为两地之间的企业合作服务,聚集高端创新要素,实现创新成果共享,实现阜阳与长三角地区科技、项目之间的合作,推动战略性新兴产业

① 《中共中央国务院印发〈长江三角洲区域一体化发展规划纲要〉》,《人民日报》2019年12月2日。

154

发展,注重用新技术新业态改造提升传统产业,促进新动能发展壮大、传统动能焕发生机。

第二,利用"互联网+"技术,创新产业发展新模式。随着互联网时代的到来和5G在阜阳的覆盖普及,阜阳市要进一步将互联网技术应用到各个行业产业中去,引领阜阳产业的新发展,推动阜阳的轻工食品、纺织服装等传统产业智能化、网络化发展,推进互联网技术与阜阳机械电子、绿色食品、现代医药等优势产业的合作,强化农业特色产业与现代网络技术的联系,打造特色农业产业集群。另外随着5G的覆盖,阜阳市要继续着力推动5G网络建设,推广5G在智慧医疗、智慧教育、智慧政务、智慧旅游、智慧办公等领域的应用。新时代,随着电子科学技术的广泛应用,阜阳的各个产业得以创新发展,阜阳要赶上这一轮科技浪潮,大力推进由互联网技术带来的新的产业发展模式。"互联网+产业经济"的模式层出不穷,线上线下交易、跨境微商电商、现代物流业等新业态蓬勃发展,促进了传统产业的革新发展,加快了产业经济转型升级,壮大了特色产业的集群发展,下一步要借此契机,以更大的力度抓产业,坚持把做实做强做优实体经济作为主攻方向,坚持产业兴城、工业强市,大力推动科技创新,不断提高产业链供应链稳定性和现代化水平。阜阳市在今后的发展中还可以依据市场为导向,利用互联网技术,将其创新应用于各种产业经济中,以及产业发展的各个环节中,推动互联网、大数据、人工智能与阜阳实体经济的深度融合,"建立以企业为主体、市场为导向、产学研深度融合的技术创新体系,支持大中小企业和各类主体融通创新,创新促进科技成果转化机制,积极发展新动能,强化标准引领,提升产业基础能力和产业链现代化水平"[①],将阜阳建设成集数据化、信息化为一体的

---

① 《中共中央关于坚持和完善中国特色社会主义制度 推进国家治理体系和治理能力现代化若干重大问题的决定》,北京:人民出版社2019年版,第21页。

创新型城市。

第三,提供创新政策服务,营造良好的创新氛围。为了阜阳未来经济的高质量发展,阜阳市要坚持以创新发展理念为指导,继续大力实施创新驱动发展战略,提供更多更好的创新政策服务,为阜阳市创新创业营造出积极良好的创新氛围。阜阳市要继续完善科技创新政策支撑体系、健全创新创业服务体系,打造良好的引才环境,搭建人才交流合作的平台载体,吸引更多高端人才、科研创新人才留在阜阳,加盟阜阳市的高新技术企业,为阜阳创造出更多的创新成果,增强阜阳的创新能力。还要积极促进人们创新观念的转变,营造全民创新的良好氛围,鼓励阜阳市的每个市民积极投身于创新创业发展中,都应该加强学习,转变观念,勇于创新,善于创新,用创新促改革、促发展,召开有关创新的座谈会,促进人们对于创新理念引领阜阳发展的认识,对进行创新创业的单位或者个人给予奖励补助,举办多种有关创新创意的比赛,比如科技大赛等。

第四,打造创新品牌,提升阜阳科技吸引力。就目前而言,阜阳双清湾公园通过多种科技手段,打造出音乐喷泉、无人机灯光秀等特色旅游项目,成为阜阳创新发展的品牌之一,也体现出阜阳市在创新发展道路上取得了新进展。下一步阜阳市要继续坚持创新发展理念,立足阜阳地区特色,充分发扬阜阳地区优势,加强统筹协调,促进协同创新,形成推进创新的强大合力,积极培育一批"阜字号"区域大品牌、行业大品牌和企业大品牌。

二、以协调发展理念引领新时代阜阳发展新实践

为确保阜阳市如期完成"十四五"部署的各项战略任务,阜阳市应立足世界百年未有之大变局和中华民族伟大复兴战略全局,贯彻落实协调发展

理念,用协调发展理念引领阜阳发展新实践。

第一,大力发展新质生产力。生产力是一切社会发展的最终决定力量。生产力是不断进步的,随着科学技术的迭代升级,新的生产力不断涌现。当今时代,智能化与信息化产业技术革命迅猛发展,新能源、新材料等领域颠覆性技术加速更新,中国式现代化和高质量发展需要加快培育和形成新质生产力。新质生产力是"由技术革命性突破、生产要素创新性配置、产业深度转型升级而催生,以劳动者、劳动资料、劳动对象及其优化组合的跃升为基本内涵,以全要素生产率大幅提升为核心标志"①。当前加快培育和形成新质生产力尤其需要做到:一是紧紧抓住科技创新这一"牛鼻子"。应该看到,当前我国关键核心技术受制于人的局面尚未根本改变,科技创新"一盘棋"合力尚未形成,为此,要加强国家科技创新顶层设计,统筹解决科技领域战略性、方向性、全局性重大问题,持续加大科技创新投入,加快数字技术创新、绿色低碳科技攻关、促进产业链创新链融合发展。二是聚焦产业转型升级,强化载体支撑。产业是新质生产力发展的主要载体。产业迭代升级、深度转型,是生产力跃迁的重要支撑。当前,推动产业转型升级一方面要大力发展先进制造业,通过推进制造业高端化、智能化、绿色化发展,塑强传统产业竞争新优势。另一方面要注重抢占新兴产业新赛道。如加快培育新能源汽车、锂电池、太阳能电池等"新三样",做大做强以芯片为核心的新一代信息技术产业、生物医药等新兴产业,加快打造一批具有核心竞争力的战略性新兴产业集群。三是形成与生产力相匹配的生产关系。这包括改革和完善所有制结构,促进混合所有制经济发展,增强国有经济活力、控制力和影响力,同时支持民营经济和外资经济健康发展。优化收入分配制度,实现按劳

① 《习近平在中共中央政治局第十一次集体学习时强调 加快发展新质生产力 扎实推进高质量发展》,《人民日报》2024年2月2日。

分配为主体、多种分配方式并存的制度,提高劳动报酬在初次分配中的比重,健全社会保障体系,缩小收入差距,促进社会公平正义。此外,创新管理体制机制,提高管理效率,构建和谐劳动关系,确保生产关系与生产力相互促进、协调发展。四是建立与新质生产力相匹配的人才支撑。为适应新质生产力的需求,我们需构建与之相匹配的人才支撑体系。首先,要深化教育体制改革,创新教育内容和教学方法,注重培养学生的创新精神和实践能力。其次,优化人才培养模式,加强跨学科、跨领域的复合型人才培养,提升人才的综合素质。再次,强化职业技能培训,紧跟产业发展趋势,提高人才的职业素养和技能水平。最后,还需搭建产学研用一体化平台,促进校企合作,实现人才培养与产业需求的紧密对接。通过这些措施,培养一支具备跨界整合能力、创新思维和终身学习素养的高素质人才队伍,为发展新质生产力提供强大的人才保障和智力支持。

第二,阜阳市应立足长三角区域一体化发展战略的发展机遇,全面推进协调发展。按照中共中央、国务院印发的《长江三角洲区域一体化发展规划纲要》,长三角区域一体化以上海市等27个城市为中心区,中心区要加强与苏北、浙西南、皖北等地区的深层合作,加强徐州、衢州、安庆、阜阳等区域重点城市建设,辐射带动周边地区协同发展。阜阳市被列为中心区之外的四个区域重点城市之一,未来将发挥辐射带动周边地区的作用。这给阜阳市协调发展提供了难得的发展机遇,阜阳市可以充分利用这一重大发展机遇,着力解决发展中存在的不平衡不充分问题。首先,坚持建设区域重点城市,构建"一核三区"格局。"一核三区"格局是指打造阜城产城融合发展核心,建设界首太和制造业高质量发展引领区、临泉阜南农村第一、二、三产业融合发展示范区、颍上全域旅游先行区。构建"一核三区"格局不仅有利于推动城乡协调发展,也有利于实现以点带面的发展效果,加快阜阳市协调发展进程。这要求完善阜城空间规划,加快产业集群建设,打造产业发展、城市建设和人口集聚相互促进的产城融合发展核心,高标准、高水平、高质量建设"三区",努力建设品牌城市和品牌产业。其次,加快承接产业转移进程,打造长三角产业转移优选地。承接长三角产业转移有利于实现阜阳市产业均衡发展,对阜阳市经济发展大有裨益。做好承接产业转移工作,要充分发挥人口、交通、政策、后发四大优势,深入实施产业发展行动计划,主动参与长三角产业分工协作,积极承接长三角中心区产业转移,打造有影响力的产业聚集地。例如,可以依托阜阳经济开发区(阜合现代产业园区)建设省级承接产业转移集聚试验区,建设承接产业转移的示范性基地,推动更多先进产业在阜阳大地落地生根。再次,加强民生领域合作,打造便利共享优质教育医疗资源。如前所述,阜阳市教育医疗资源等方面略有不足,打造便利共享优质教育资源有利于补齐阜阳市发展短板,促进阜阳市全面发展。所以阜阳市接下来要在教育、文化、医疗卫生等方面,提升与长三角中心区优质资源共建共享水平,加快公共服务制度接轨,推进公共服务共建共享,扩大优质公共服务资源供给,提升全市人民在一体化发展中的获得感、幸福感和安全感。[①]最后,推进"传统+新兴"协同发展。这种模式的发展就是坚持传统产业和战略性新兴产业并重,加快推进新旧动能转换。一方面,持续改造提升传统产业,重点改造提升食品加工、煤电化工、建材等传统产业,加快发展绿色食品、精细化工和绿色建筑等,大力支持数字化生产线、数字化车间、智能工厂建设,使传统产业焕发新生机。另一方面,主动对接苏浙沪,推动新兴产业加快发展,围绕阜阳市现代医药、装备制造、绿色食品、煤电精细化工、新材料、新一代信息技术等产业,加快提升制造业产业链水平,打造长三

角高端产业扩张的"首选地"。①

第三,坚持保护生态环境和发展经济的辩证统一。2020年8月19日上午,习近平总书记来到马鞍山市薛家洼生态园地考察长江生态保护和长江经济带发展情况时强调:"经济发展要设定前提,首先要保护好生态环境。高质量发展的基础,就是生态环境。生态环境保护不好,最终将葬送经济发展前景。"②生态环境是人类生存与发展的必不可缺少的物质基础,也是经济发展必要的前提条件,把生态保护好,把生态优势发挥出来,才能实现高质量发展,对于阜阳今后的发展也是如此。因此,阜阳市要继续坚持"绿水青山就是金山银山"的发展理念,"加快形成节约资源和保护环境的空间格局、产业结构、生产方式、生活方式,把经济活动、人的行为限制在自然资源和生态环境能够承受的限度内,给自然生态留下休养生息的时间和空间。要加快划定并严守生态保护红线、环境质量底线、资源利用上线三条红线。对突破三条红线、仍然沿用粗放增长模式、吃祖宗饭砸子孙碗的事,绝对不能再干,绝对不允许再干。在生态保护红线方面,要建立严格的管控体系,实现一条红线管控重要生态空间,确保生态功能不降低、面积不减少、性质不改变。在环境质量底线方面,将生态环境质量只能更好、不能变坏作为底线,并在此基础上不断改善,对生态破坏严重、环境质量恶化的区域必须严肃问责。在资源利用上线方面,不仅要考虑人类和当代的需要,也要考虑大自然和后人的需要,把握好自然资源开发利用的度,不要突破自然资源承载能力"③。

---

① 《打造长三角产业转移"首选地"——市经信局局长高文军》,阜阳市人民政府网,http://www.fy.gov.cn/special/detail/5dfc1fb27f8b9ad64a8b4576.html。

② 杜尚泽、朱思雄、张晓松:《下好先手棋,开创发展新局面——记习近平总书记在安徽考察》,《人民日报》2020年8月24日。

③ 《习近平谈治国理政》(第三卷),北京:外文出版社2020年版,第361~362页。

第四,坚持物质文明与精神文明协调发展。改革开放之初,我们党就创造性地提出了建设社会主义精神文明的战略任务,确立了"两手抓、两手都要硬"的战略方针。物质文明是人们生活的坚实物质根据,精神文明也是人们日常生活不可缺少的一部分。习近平指出:"实现中华民族伟大复兴的中国梦,物质财富要极大丰富,精神财富也要极大丰富。"[1]可见,实现物质文明和精神文明协调发展不仅对于阜阳市发展具有重大现实意义,对实现中华民族伟大复兴也具有重要战略意义。推动物质文明和精神文明协调发展,要以习近平文化思想为引领,自觉担负起新的文化使命。为此,一方面要大力发展经济,夯实物质根基。另一方面要发展中国特色社会主义文化,积极培育和践行社会主义核心价值观,巩固全体人民团结奋斗的共同思想基础,坚定文化自信,坚持"创造性继承发展既有文化、科学吸纳转化外来文化、创新发展传统文化"[2],使全体人民在理想信念、价值理念和道德观念上紧紧团结在一起,让正能量更充沛、主旋律更高昂。

三、以绿色发展理念引领新时代阜阳发展新实践

为打造更高水平的文明城市及满足人民对绿色生活的美好生活需要,阜阳市要继续以绿色发展理念引领新时代阜阳发展新实践,推动阜阳市绿色发展取得新成就、迈上新阶段、开辟新境界。

第一,坚持综合施策,高效率治污。"环境治理是系统工程,需要综合运用行政、市场、法治、科技等多种手段。要充分运用市场化手段,推进生态环境保护市场化进程,撬动更多社会资本进入生态环境保护领域。要完善资

---

① 《习近平谈治国理政》(第二卷),北京:外文出版社2017年版,第323页。
② 朱宗友:《中国文化自信解读》,北京:经济科学出版社2017年版,第253页。

源环境价格机制,将生态环境成本纳入经济运行成本。要采取多种方式支持政府和社会资本合作项目。"①其中包括运用尖端科技进行监测,引入第三代高能高频颗粒物激光雷达和大气应急走航监测车,将污染精准定位,为防控污染提供技术支撑。第三代高能高频颗粒物激光雷达和大气应急走航监测车可以对污染进行实时监测,充分利用科技力量,高效率治污。还包括引进高新技术人才,提升人员素质,熟练操控智能化设施,提升治污效率,助推早日解决大气污染、水污染、土壤污染,实现可持续发展,响应绿色发展理念。注重治污的系统性、整体性、协同性。总之,治理环境污染离不开系统思维的运用,治污的每个领域、每项环节都需要严格把关,从总体上改变"头痛医头、脚痛医脚,各管一摊、相互掣肘,而必须统筹兼顾、整体施策、多措并举,全方位、全地域、全过程开展生态文明建设"②,切实完成每项治污任务,推动取得阜阳污染防治攻坚战的整体性成就,确保污染防治攻坚战的各项目标如期实现。

第二,坚持集群化发展,打造循环经济。首先要扩大产业规模,集群化发展。建立特色产业园区,将资源循环利用的产业集聚在这几个园区内,实行集群化管理,实现扩大产业规模、增加产能、提升园区的实力与影响力的预期目标。其次要完善产业链条,科学发展。加强各个产业园区的联系与合作,实行产业的转型升级,形成以清洁为主的企业内部循环。最后要加大技改投入,坚持绿色发展。从源头治理企业环境,对污水治理提高标准,建立完备的污水治理体系。对于企业附近的防护林带进行修缮和维护,构建完备的环境生态防护体系,加快现代生态农业产业化建设,扎实推进乡村建设行动,深化农村综合改革,巩固拓展脱贫攻坚成果,统筹城乡发展,全面推

---

① 习近平:《推动我国生态文明建设迈上新台阶》,《求是》2019年第3期。

② 习近平:《推动我国生态文明建设迈上新台阶》,《求是》2019年第3期。

进乡村振兴,促进农业高质高效、乡村宜居宜业、农民富裕富足。

第三,坚持以绿色发展引领乡村振兴。一方面要深刻认识绿色发展的长期性和艰巨性。要以绿色发展引领乡村振兴,阜阳市必须认识到长此以往累积的各种农业农村发展的问题,坚持件件有着落、事事有回音。另一方面要正确处理经济发展和生态保护的关系。习近平指出:"环境就是民生,青山就是美丽,蓝天也是幸福,绿水青山就是金山银山;保护环境就是保护生产力,改善环境就是发展生产力。"①在实施乡村振兴战略的同时,阜阳市也不能落下对生态环境的保护,更不能以牺牲环境来发展经济,要在尊重自然、顺应自然、保护自然的基础上利用自然,以此带动乡村发展。

第四,促进庄稼减"肥",推动农业更美。减"肥",减掉的是不必要化肥使用量,并不单纯地减少化肥,而要采取多种方法,减去不合理的施肥,保持庄稼的绿色性,给食品安全提供保障。②具体来说要从四个方面入手:首先,提升种植区耕地的质量。在合理开垦耕地的过程中,保护与提升土壤的质量,在原有土壤基础上进行改良。其次,革新施肥的方式。以大农户、合作社等其他主体为中心,充分发挥其榜样示范作用,在技术上和服务上进行革新,加深机械化程度,推广水肥一体化,减少生产成本。再次,引入新肥料新技术。加快推广缓释肥料、水溶性肥料、液体肥料、叶面肥、生物肥料、土壤调理剂等高效新型肥料。最后,加大有机肥的使用。在处理畜禽粪便上,鼓励农民囤积农家肥。就秸秆处理方面而言,要推进秸秆养分还田,充分利用现有资源。

第五,完善法治举措,保持利剑高悬。秩序井然的社会是管出来的,风景秀丽的自然环境也需要通过管治来实现。"只有实行最严格的制度、最严

① 《习近平谈治国理政》(第二卷),北京:外文出版社2017年版,第209页。
② 王汉超:《化肥农药减量,粮食增产才能意义深远》,《营销界(农资与市场)》2016年第22期。

密的法治,才能为生态文明建设提供可靠保障。"①阜阳市始终坚持依靠法治措施推进绿色发展理念的贯彻落实,取得了明显成效。进一步推进绿色发展理念的贯彻落实,仍需充分发挥法治的重要作用,从而通过运用法治这把利器,有效规避经济发展中为盲目追逐经济利益而置生态环境于不顾的任意性事件。因此阜阳市应全面贯彻落实习近平法治思想,完善绿色发展相关法律举措,充分发挥全面依法治国的制度优势,促进制度时时生威、处处有效,让恣意妄为者胆寒,不给污染环境、浪费资源者留有生存空间,"决不能让制度规定成为'没有牙齿的老虎'"②。

第六,加强宣传教育。马克思在《〈黑格尔法哲学批判〉导言》中曾说:"理论一经掌握群众,也会变成物质力量。理论只要说服人[ad hominem],就能掌握群众;而理论只要彻底,就能说服人[ad hominem]。所谓彻底,就是抓住事物的根本。而人的根本就是人本身。"③加强宣传教育,有利于增强阜阳市广大人民群众贯彻落实绿色发展理念的主体意识,带动人民群众投身绿色发展实践中,促进理论转变成物质力量,推动阜阳市绿色发展取得新的更大成就。要达到这一预期目标,需要广大理论宣传工作者去阐释说明和普及教育,坚持"用大众化的语言,通俗的说法和接地气的表达方式,让一般群众都能理解和知晓,才能真正掌握群众,指导实践变成物质力量"④。

---

① 《习近平谈治国理政》(第一卷),北京:外文出版社2018年版,第210页。
② 习近平:《推动我国生态文明建设迈上新台阶》,《求是》2019年第3期。
③ 《马克思恩格斯选集》(第一卷),北京:人民出版社2012年版,第9~10页。
④ 朱宗友、朱振辉、李全文等:《新发展理念在安徽的生动实践研究》,天津:天津人民出版社2020年版,第185页。

四、以开放发展理念引领新时代阜阳发展新实践

当前,阜阳市开放发展面临着诸多机遇,阜阳市的开放水平正在不断深化,经济发展也正向高一级平台跃进。为进一步推进现代化美好阜阳建设,应进一步贯彻开放发展理念,用开放发展理念引领阜阳发展新实践。

第一,优化发展结构布局,全方位开放发展。阜阳市要坚持"互利共赢、多元平衡、安全高效"的原则,继续深化开放发展空间,转变对外经济发展方式,建设开放发展合作大平台,在开放发展上先行一步,做好全方位发展格局,依托区位和政策优势,打造内陆开放发展新高地,全面融入国家开放发展大格局,推动开放朝着优化结构、拓展深度、提高效益方向转变。此外还要提供优质开放服务,带动产业链发展,紧紧围绕运用大数据和互联网,借助特色会展活动等开放平台,狠抓项目引进与落实,让企业发展牢固驻扎,让产业结构运行紧密结合,提升产业结构一体化发展空间,从而为阜阳市开放发展提供服务平台。

第二,构建便捷开放通道,加大对外交流合作。交通是与外界有效联系的重要方式之一,标志着一个地区的开放发展程度。长三角一体化发展"阜阳方案"中对阜阳构建更为便捷的开放通道、加大对外交流合作做出了明确部署,提出要积极对接长三角基础设施互联互通专项规划,着力完善网络、扩大能力、提高水平,增强一体化发展的支撑保障,提升阜阳综合交通枢纽

地位,推动"米"①字形高铁网构建,推进高速公路、国省干道及城市公共交通设施建设,打造区域性铁空联运枢纽。②这些举措为阜阳市的开放发展注入了新动力。阜阳市继续深化开放发展理念,要进一步积极构建便捷畅通的对外交通大通道为渠道,借助机场、高铁、铁路、水运、高速公路等交通方式,依靠融入长三角和中原城市群建设优势,着力优化交通组织体系,加强与周边地区之间的经济往来,争取更多境外组织机构和人员落户,大力发展与国外贸易往来,寻求对外交流合作,促进对外贸易实现优进优出、快进快出,打造阜阳特色品牌。

第三,扎实推进招商引资工作,多措并举促发展。经济发展靠产业支撑,产业发展招商引资是选择、产业项目建设是载体。阜阳市在今后的发展中,要借助融入长三角等发展机遇,赋予阜阳市更高发展要求,坚持把招商引资工作作为对外发展的主抓手,聚焦产业兴城、工业强市,抓住融入长三角、高铁全覆盖带来的新机遇和新型工业化、城镇化加快追赶的发展潜力,强化担当作为,狠抓招商引资和项目建设,多措并举,加大对项目的招引工作,不断开创阜阳市招商引资工作新局面。此外还要坚持领导带头招商,营造全民招商的浓厚氛围,夯实招商基础,加强对招商平台的建设,不断优化招商引资体制机制建设。加快项目建设,促进项目转化,实现开放发展。

第四,有效借助文化旅游,推进阜阳市文化资源走出去。推动阜阳市文

---

① 推动"米"字型高铁网构建是指以融入长三角通勤圈、高效对接中心区为导向,加快推进一批重大轨道交通工程建设,打造链接长三角与中原城市群的交通节点城市。协调推进京九客专阜阳—黄冈—九江段、淮北—宿州—蒙城—阜阳城际铁路蒙城—阜阳段、沿淮城际铁路阜南—蚌埠段、驻马店—阜阳—蚌埠城际铁路驻马店—临泉段、南阳—驻马店—阜阳铁路前期工作。加快推进阜阳动车运用所规划建设。冯启俊:《长三角一体化发展"阜阳方案"公布 打造带动皖北支撑中原城市群发展的重要增长极》,《阜阳日报》2020年3月23日。

② 冯启俊:《长三角一体化发展"阜阳方案"公布 打造带动皖北支撑中原城市群发展的重要增长极》,《阜阳日报》2020年3月23日。

化资源走出去是阜阳市坚定文化自信的一种表现。"不论是国家、民族,还是政党、民众,只有对自己文化有坚定的信心,才能获得坚持坚守的从容,鼓起奋发进取的勇气,焕发创新创造的活力。"①开发文化旅游产业有利于增添阜阳经济发展活力和提高文化软实力。为此,阜阳市应积极开展文化宣讲,借助大众传媒和新媒体手段,将阜阳文化特色与理念通过宣传片、微电影、纪录片等形式,让阜阳文化在更深层次上进入大众视野,增强人们对阜阳文化及理念的认同感。还可以以服务业为支撑,通过对文化景点的开发利用向外界大力宣讲阜阳文化,夯实文化产业,让阜阳市文化产业进一步发展和繁荣,增强文化对外发展活力,促进经济社会的可持续发展。

五、以共享发展理念引领新时代阜阳发展新实践

共享发展理念要落地生根、变成普遍实践,关键要以党员干部建设、体制机制改革和城乡区域发展治理为重点,破解乡村发展困境、助力城乡融合发展,真正做到注重协调、推进共享。

(一)加强党的领导,强化党的建设

中国共产党自建党以来就是善于学习、勇于探索、不断自我反思和完善的政党,始终把加强党的自身建设作为党的重要政治任务,推动全面从严治党向纵深发展,秉承实事求是的精神并依据各地具体的发展水平全面深化改革,顺利完成改革任务并取得显著成果,不断激发和创造社会活力。中国共产党的领导是中国特色社会主义最本质的特征,也是实现共享事业的领

---

① 朱宗友:《中国文化自信解读》,北京:经济科学出版社2017年版,第86页。

导力量和政治保证,我们必须坚持党的全面领导,发挥党的领导核心作用,各级党组织和领导干部必须切实担负起领导责任,有对人民负责的政治站位,同时,广大党员要充分发挥先锋模范作用,在服务群众中赢得人心。①一是加强党的基层组织建设,增强基层党员干部共享发展意识,让共享发展理念在基层得以宣传不断深入民心。二是加强党的制度建设,通过改进和完善党领导共享事业的工作机制和方式,逐步形成风清气正的社会风气和高效惠民的办事效率。三是提高党员干部的治理能力,党员干部的治理能力和业务素质直接关系到上级决策的贯彻落实、为人民服务的广度深度和开展工作的能力。因此,中国共产党始终坚持将中央八项规定精神落实到反"四风"、"两学一做""不忘初心、牢记使命"及党的纪律学习教育等活动中,由各级组织部门和培训部门负责对广大党员干部进行分层次、分部门和分阶段地进行训练,从而提高党员干部的治理能力、业务素养和拒腐防变的能力。广大党员干部并非流于形式而是深入学习中共中央文件精神和中国共产党人的优良传统,坚持人民立场全面推动各地区城乡融合发展,带动人民不断探索和创新发展新格局,促进国民经济依据经济规律发展,为中国的发轫和经济发展注入强劲动力,夯实共享发展的社会经济基础,赢得人民群众对党和政府的支持和信赖。

(二)深化体制改革,破除利益藩篱

健全的收入分配制度和公平的社会保障体系是实现共享发展的重要保证,我国在收入分配、就业教育和城乡区域公共服务水平等共享改革成果诸多方面存在一定的不公正,利益差距出现扩大化,共同发展就是要"做出更

---

① 陈树文:《新中国成立以来党对社会主要矛盾的认识》,《马克思主义理论学科研究》2019年第6期。

有效的体制安排"以实现共同繁荣,破除利益藩篱、协调社会不同阶层和群体的利益关系对于推进共享发展至关重要。[①]对此,首先,各级政府积极召开深化改革专项小组会议,地方抓改革、推改革,使改革落地生根,建立新的有效的社会各项制度体系,正确处理改革、发展和稳定之间关系,加强基本公共服务建设,建立健全社会保障体系。其次,着力解决教育、医疗、养老等社会普遍关注的问题,缩小城乡差距、区域差距,确保国家的财政资金更多地向西部、农村等落后地区倾斜,使改革更加准确地对接发展所需、基层所盼、民心所向,通过改革给人民群众带来更多的获得感和幸福感。最后,要通过政府引导、群众参与,培育先进典型,发挥其模范带动作用,提高农民的思想觉悟、道德水准和文明素养。[②]同时,针对改革中滋生的利益固化和利益藩篱,在全面深化改革过程中要更加注重改革的系统性、整体性和协同性,通过健全和完善多元化共享发展体制推动全体人民自觉践行共享发展理念,扫清落实共享发展实践中的各种障碍和困难,切实做到人民有所呼、改革有所应。

(三)实施乡村振兴战略,推进城乡协调发展

共享发展是一项长期性、艰巨性和复杂性的渐进工程,不是同步共享、同等共享和同时共享,必须依据不同时期的社会生产力与经济发展水平在程度与广度有所不同,是立足我国国情从低级到高级、从局部到全面、从不均衡到均衡逐步推进的历史过程,不能让人民群众盲目地、激进地共享社会发展成果。由于传统城乡二元结构的矛盾、城乡产业特性不同以及计划经济时代遗留下来的户籍壁垒等因素导致城乡发展不平衡问题,尤其是贫穷

---

① 袁祖社:《马克思主义人学理论与社会发展探究》,北京:人民出版社2016年版,第192页。

② 张宏伟:《乡村振兴战略实施中的乡村文化建设》,《沈阳农业大学学报》2019年第2期。

农村地区人口的脱贫问题异常突出。因此,全面深刻剖析新时代的城乡关系,破解城乡发展不平衡这个最大的不平衡、农村发展不充分这个最大的不充分是推进城乡协调发展是实现全民共享和全面共享亟待解决的问题。[1]我国在完善城乡协调发展机制的同时实施乡村振兴战略,鼓励各级政府依据各地发展实际状况制定和落实"十四五"发展规划,以乡镇为单位完善就业服务体系,依据乡镇特色因地制宜发展适应产业,在传承本土民俗文化的基础上提高社会生产力促进城乡均衡发展,逐渐消除农民、市民服务差别化问题,同步提升城乡居民的生活水平。现阶段,国家实行脱贫攻坚工程,脱贫工作重点由精准识别、精准帮扶转向完善脱贫退出机制以及建立脱贫长效机制,防止贫困者再次"返贫"。[2]社会的进步和社会生产力的提高使得社会成员共享更高层次更高水平的发展成果,共享发展是实现社会成员同等分享发展成果并且随着社会发展不断渐进的发展过程,只有将共享发展理念落实到增进城乡居民的公共福祉上才能充分体现出社会主义制度的优越性。

总之,共享发展理念是中国共产党人立足全局战略高度总结国内外发展经验提出的新发展理念,阜阳市在推进共享发展事业中取得了重大成就,以共享发展为契机深化体制改革,在提升城乡居民获得感的基础上增强共建共享的责任感和使命感。但是要认识到国内外发展环境的变化对于推进共享发展带来的阻力,要在党和政府的有力领导下,破除利益藩篱推进城乡融合发展,推动各行业、各领域的技术创新与产业结构优化升级,促进城乡居民共享政治、经济、文化、社会和生态文明等方面的发展成果,获得切实的物质利益和精神利益。

---

① 陈文胜:《中国迎来了城乡融合发展的新时代》,《红旗文稿》2018年第8期。
② 李鹏:《共享发展视野的精准脱贫路径选择》,《重庆社会科学》2017年第2期。

主要参考文献

一、著作

1.《马克思恩格斯文集》(第一卷),人民出版社,2009年。

2.《马克思恩格斯文集》(第二卷),人民出版社,2009年。

3.《马克思恩格斯选集》(第一卷),人民出版社,2012年。

4.《马克思恩格斯选集》(第三卷),人民出版社,2012年。

5.《马克思恩格斯选集》(第四卷),人民出版社,2012年。

6.《列宁专题文集 论资本主义》,人民出版社,2009年。

7.《毛泽东著作选读》(下册),人民出版社,1986年。

8.《毛泽东文集》(第七卷),人民出版社,1999年。

9.《邓小平文选》(第二卷),人民出版社,1994年。

10.《邓小平文选》(第三卷),人民出版社,1993年。

11.《江泽民文选》(第三卷),人民出版社,2006年。

12.《胡锦涛文选》(第二卷),人民出版社,2016年。

13.《习近平谈治国理政》(第一卷),外文出版社,2018年。

14.《习近平谈治国理政》(第二卷),外文出版社,2017年。

15.《习近平谈治国理政》(第三卷),外文出版社,2020年。

16.《习近平谈治国理政》(第四卷),外文出版社,2022年。

17.《习近平著作选读》(第一、二卷),人民出版社,2023年。

18.习近平:《高举中国特色社会主义伟大旗帜 为全面建设社会主义现代化国家而团结奋斗——在中国共产党第二十次全国代表大会上的报告》,人民出版社,2022年。

19.习近平:《为建设世界科技强国而奋斗——在全国科技创新大会、两院院士大会、中国科协第九次全国代表大会上的讲话》,人民出版社,2016年。

20.习近平:《决胜全面建成小康社会 夺取新时代中国特色社会主义伟大胜利——在中国共产党第十九次全国代表大会上的报告》,人民出版社,2017年。

21.习近平:《在纪念马克思诞辰200周年大会上的讲话》,人民出版社,2018年。

22.习近平:《在庆祝改革开放40周年大会上的讲话》,人民出版社,2018年。

23.习近平:《摆脱贫困》,福建人民出版社,1992年。

24.《习近平关于社会主义经济建设论述摘编》,中央文献出版社,2017年。

25.《习近平新时代中国特色社会主义思想学习纲要(2023年版)》,学习出版社、人民出版社,2023年。

26.《〈中共中央关于制定国民经济和社会发展第十四个五年规划和二〇

三五年远景目标的建议〉辅导读本》,人民出版社,2020年。

27.《中共中央关于坚持和完善中国特色社会主义制度 推进国家治理体系和治理能力现代化若干重大问题的决定》,人民出版社,2019年。

28.《习近平新时代中国特色社会主义思想学习纲要》,学习出版社、人民出版社,2019年。

29.《习近平新时代中国特色社会主义思想基本问题》,人民出版社、中共中央党校出版社,2020年。

30.《习近平关于科技创新论述摘编》,中央文献出版社,2016年。

31.[美]加勒特·哈丁:《生活在极限之内》,戴星翼、张真译,上海译文出版社,2016年。

32.[美]蕾切尔·卡逊:《寂静的春天》,张经鹏译,中国文联出版社,2018年。

33.傅莹:《看世界2:百年变局下的挑战和抉择》,中信出版社,2021年。

34.曲青山主编:《共产党执政规律研究》,人民出版社,2020年。

35.袁祖社:《马克思主义人学理论与社会发展探究》,人民出版社,2016年。

36.朱宗友、李元旭、周虎等:《中国道路与实现民族复兴的中国梦研究》,人民出版社,2023年。

37.朱宗友、朱振辉、李全文等:《新发展理念在安徽的生动实践研究》,天津人民出版社,2020年。

38.朱宗友:《中国文化自信解读》,经济科学出版社,2017年。

二、报刊文章

1.习近平:《辩证唯物主义是中国共产党人的世界观和方法论》,《求是》,2019年第1期。

2.习近平:《共担时代责任,共促全球发展》,《求是》,2020年第24期。

3.习近平:《共同构建人类命运共同体》,《求是》,2021年第1期。

4.习近平:《推动我国生态文明建设迈上新台阶》,《求是》,2019年第3期。

5.习近平:《在党的十八届五中全会第二次全体会议上的讲话》,《求是》,2016年第1期。

6.习近平:《共建创新包容的开放型世界经济——在首届中国国际进口博览会开幕式上的主旨演讲》,《人民日报》,2018年11月6日。

7.习近平:《坚持总体国家安全观 走中国特色社会国家安全道路》,《人民日报》,2014年4月15日。

8.习近平:《共同开创中阿关系的美好未来——在阿拉伯国家联盟总部的演讲》,《人民日报》,2016年1月22日。

9.习近平:《让多边主义的火炬照亮人类前行之路——在世界经济论坛"达沃斯议程"对话会上的特别致辞》,《人民日报》,2021年1月26日。

10.《习近平在中共中央政治局第十一次集体学习时强调 加快发展新质生产力 扎实推进高质量发展》,《人民日报》,2024年2月2日。

11.《中共中央关于进一步全面深化改革 推进中国式现代化的决定》,《人民日报》,2024年7月22日。

12.《中共中央关于制定国民经济和社会发展第十三个五年规划的建议》,《人民日报》,2015年11月4日。

13.《把握大局审时度势统筹兼顾科学实施　坚定不移朝着全面深化改革目标前进　习近平主持召开中央全面深化改革领导小组第一次会议》,《人民日报》,2014年1月23日。

14.《中共中央国务院印发〈长江三角洲区域一体化发展规划纲要〉》,《人民日报》,2019年12月2日。

15.董学莉:《阜阳市颍州区小麦绿色增产关键栽培技术》,《现代农业科技》,2019年第16期。

16.杜尚泽、朱思雄、张晓松:《下好先手棋,开创发展新局面——记习近平总书记在安徽考察》,《人民日报》,2020年8月24日。

17.方松高、万建良:《阜阳描绘"空铁"发展蓝图》,《阜阳日报》,2019年12月18日。

18.冯启俊、宗合:《"融入长三角·高铁全覆盖"阜阳市情推介暨招商恳谈会隆重举行》,《阜阳日报》,2020年1月7日。

19.冯启俊:《我市推进绿色发展　绘出生态文明建设"路线图"》,《阜阳日报》,2018年3月5日。

20.冯启俊:《长三角一体化发展"阜阳方案"公布　打造带动皖北支撑中原城市群发展的重要增长极》,《阜阳日报》,2020年3月23日。

21.龚天平、张军:《资本空间化与中国城乡空间关系重构》,《上海师范大学学报》(哲学社会科学版),2017年第2期。

22.郭海洋:《鱼菜共生生态循环》,《阜阳日报》,2021年1月14日。

23.贺雪峰:《城乡二元结构视野下的乡村振兴》,《北京工业大学学报》(社会科学版),2018年第5期。

24.胡明文:《习近平总书记考察过的城市——阜阳》,《学习时报》,2024年8月16日。

25.黄洁:《发展循环农业　生产绿色食品——记安徽省阜阳市颍上县经纬循环农业有限公司》,《食品安全导刊》,2014年第28期。

26.黄泾:《阜阳市绿色小麦优质高产栽培技术》,《现代农业科技》,2014年第2期。

27.林尚立:《把新发展理念贯穿发展全过程和各领域》,《求是》,2020年第24期。

28.刘飞、李聪波、曹华军、王秋莲:《基于产品生命周期主线的绿色制造技术内涵及技术体系框架》,《机械工程学报》,2009年第12期。

29.刘雪芬、杨志海、王雅鹏:《畜禽养殖户生态认知及行为决策研究——基于山东、安徽等6省养殖户的实地调研》,《中国人口·资源与环境》,2013年第10期。

30.牛峰、张健、白鹏、申文静:《阜阳市农业科技创新与农业产业发展的现状、问题及对策》,《安徽农学通报》,2019年第23期。

31.权衡:《协调发展理念的丰富内涵与重大意义》,《经济日报》,2016年7月28日。

32.王汉超:《化肥农药减量,粮食增产才能意义深远》,《营销界(农资与市场)》,2016年第22期。

33.王雪洁、秦彬:《我市全力打造"创新型城市"》,《阜阳日报》,2020年11月27日。

34.王雪洁:《"十四五"时期阜阳将再添一批高铁线路》,《阜阳日报》,2021年1月4日。

35.王雪洁:《阜阳创新潜力跃至全省前列》,《阜阳日报》,2019年11月14日。

36.徐凤光、曹伟:《阜阳界首高新区有望明年跻身国家级》,《阜阳日报》,

2018年10月22日。

37.徐风光、申兵:《全市进出口继续保持增长》,《阜阳日报》,2020年6月17日。

38.徐风光:《我市企业进博会采购1.34亿美元》,《阜阳日报》,2019年11月12日。

39.徐和平、赵小惠、孙林岩:《绿色制造模式形成与实施的环境分析》,《中国机械工程》,2003年第14期。

40.徐鸿:《社会公众参与水污染防治面临的问题与应对策略》,《水利规划与设计》,2016年第1期。

41.徐立成:《融入长三角·高铁全覆盖市情推介暨招商恳谈筹备会和全市招商引资工作推进会召开》,《阜阳日报》,2019年10月14日。

42.徐立成:《融入长三角·高铁全覆盖市情推介暨招商恳谈筹备会和全市招商引资工作推进会召开》,《阜阳日报》,2019年10月14日。

43.杨静文、徐睿、余怀志:《阜合"智造"亮相世界制造业大会》,《阜阳日报》,2019年9月24日。

44.杨燕、盛亚、李志刚等:《过去5年我市脱贫攻坚取得决定性成就》,《阜阳日报》,2020年10月23日。

45.张凯培、王金侠:《我市企业在华交会成交1900万美元》,《阜阳日报》,2019年3月13日。

46.朱宗友、刘凯:《更加自觉地增强中国特色社会主义自信》,《思想政治课研究》,2020年第3期。

47.朱宗友、周虎:《推进生态文明建设须提高科学思维能力》,《经济日报》,2020年7月14日。

后　记

　　呈现在大家面前的这本小书是2021年度阜阳市人文社会科学研究专项项目"五大发展理念在阜阳的实践研究"（FYSK2021LH03）的研究成果。非常感谢阜阳市社科联的信任和支持，给予我们这么好的学习研究党的新发展理念的机会。项目获批后，项目组多次召开会议，研讨交流研究工作进展情况。经过一段时间的努力，项目研究任务基本完成。

　　本书是集体智慧的结晶，导论由朱宗友撰写，第一章"新发展理念的提出与科学内涵"由刘凯、宁宇涵撰写，第二章"创新发展理念在阜阳的生动实践研究"由陈思琪撰写，第三章"协调发展理念在阜阳的生动实践研究"由刘凯撰写，第四章"绿色发展理念在阜阳的生动实践研究"由刘凯撰写，第五章"开放发展理念在阜阳的生动实践研究"由刘凯撰写，第六章"共享发展理念在阜阳市的生动实践研究"由宁宇涵撰写，第七章"以新发展理念引领新时代阜阳发展新实践"由刘凯、宁宇涵撰写。全书由朱宗友、朱振辉拟定提纲，并进行统稿。本科生吴燕、朱学梅、张亚云、司红对本书初稿做出了一定贡献，硕士生李敏、李木秀、丁志豪、夏荣涛参与了审稿和书稿修改工作。

　　本书在写作过程中，参阅了众多专家学者的研究成果，以及研究机构的珍贵资料,我们尽可能在参考文献中列出,谨此后记表示衷心感谢!

由于水平有限,书中难免会有缺陷,敬请专家学者和广大读者朋友批评指正。

作 者

2024 年 8 月 22 日